Cuadro de mando i...
en una sema...

Si está interesado en recibir información sobre libros empresariales, envíe su tarjeta de visita a:

Gestión 2000
Departamento de promoción
Av. Diagonal, 662-664, 2ª B
08034 Barcelona
Tel. 93 492 69 70
Fax 93 492 69 75
e-mail: info@gestion2000.com

y la recibirá sin compromiso alguno por su parte.

Visite nuestra WEB y regístrese:
www.gestion2000.com

Cuadro de mando integral
en una semana

Mike Bourne/Pippa Bourne

La edición original de esta obra ha sido publicada en lengua inglesa por Hodder & Stoughton, Londres, con el título: «Balanced Scorecard in a week»

Autores: Mike Bourne/Pippa Bourne

Traducido por: Mariona Barrera

Ilustración cubierta: Jordi Xicart

© 2000, 2002, M. Bourne y P. Bourne
y para la edición en lengua española
© 2004, Ediciones Gestión 2000
   Planeta DeAgostini Profesional y Formación, S.L.

ISBN: 84-8088-923-3

Depósito legal: B. 27.845-2003

Fotocomposición: gama, sl

Impresión: Liberdúplex

Impreso en España – *Printed in Spain*

■ AGRADECIMIENTOS ■

Los autores y editores querrían dar las gracias a Engineering and Physical Sciences Research Council por la subvención a la investigación que ha servido para documentar este trabajo, y a las organizaciones y personas siguientes por dejarles usar ilustraciones e información en esta publicación:

- Olve, N., Roy, J. & Wetter, M. (1999), *Performance drivers: a practical guide to using the balanced scorecard*. John Wiley & Sons: Chichester, Reino Unido.
- Lynch, R. L. & Cross, K. F. (1991), *Measure up – The Essential Guide to Measuring Business Performance*. Mandarin: Londres.
- Fitzgerald, L., Johnston, R., Brignall, T.J. Silvestro, R. & Voss, C. (1991), *Performance Measurement in Service Businesses*. The Chartered Institute of Management Accountants: Londres.
- La Fundación Europea para la gestión de calidad.
- Bourne, M.C.S. & Wilcox, M. (1998), «Translating strategy into action», *Manufacturing Engineer*, Vol. 77, Nº 3, 109-112.

Í N D I C E

■ INTRODUCCIÓN ■

El cuadro de mando integral propuesto por Kaplan y Norton cuenta actualmente con más de 10 años, pero muchas personas siguen sin comprenderlo bien. El objetivo de este libro es ayudarle a elaborar y usar el cuadro de mando integral para evaluar y mejorar su rendimiento empresarial. La máxima «lo que se calcula, se realiza» no funciona siempre, pero para hacerla funcionar eficazmente debe valorar las cosas adecuadas, si no se podría encontrar gastando gran cantidad de tiempo en actividades que no están contribuyendo a su éxito empresarial.

Durante los últimos 10 años, las compañías han conseguido darse cuenta de que no pueden seguir dirigiendo usando sólo medidas financieras. Para sobrevivir y prosperar, las empresas tienen que encontrar medidas no financieras, como por ejemplo la calidad y la velocidad de las respuestas; medidas enfocadas externamente, como la satisfacción de los clientes y la preferencia de las marcas, y mirar hacia medidas futuras, como el desarrollo de nuevos productos y la satisfacción de los empleados. Al contar con cuatro perspectivas definidas (financiera, clientes, proceso interno e innovación y aprendizaje), el cuadro de mando integral promueve una visión más holística de los negocios.

El cuadro de mando integral es un sistema para diseñar un conjunto de medidas para actividades elegidas para que sean los motores de su empresa. Para que el cuadro de mando sea eficaz necesitará presentar estas medidas y gestionar las acciones resultantes para mejorar el rendimiento.

Finalmente, en esta edición, miraremos hacia el futuro y presentaremos un nuevo sistema más adecuado para el entorno empresarial actual formado por múltiples partes interesadas.

La semana que se presenta...

Martes Nos centraremos en los comienzos y en las cosas que necesita hacer bien antes de embarcarse en un proceso para desarrollar un sistema de evaluación de actuaciones.

Miércoles Analizaremos qué hay que valorar, cómo decidir qué es importante y cómo aclarar los objetivos empresariales.

Jueves Le presentaremos a una plantilla que le ayude a diseñar sus propias medidas, que incluyen una serie de preguntas para que se las plantee a sí mismo antes de imponerlas a sus colegas.

Viernes Observaremos el uso de medidas de actuación, las herramientas y técnicas para hacerlas efectivas en su empresa y las visualizaciones para darles vida.

Sábado Abordaremos algunos aspectos prácticos de la evaluación del rendimiento y daremos ejemplos de lo que se puede lograr, así como también algunas dificultades y contratiempos.

Domingo El último día completaremos el proceso ofreciendo ejemplos de cómo las compañías han adaptado el cuadro de mando integral a sus propias necesidades empresariales. Pero también explicaremos cómo la medida del rendimiento está progresando más allá del cuadro de mando, e introduciremos el prisma de actuación, un nuevo sistema orientado hacia los interesados.

¿Qué es el cuadro de mando integral?

Hoy vamos a fijarnos en:
- las razones para evaluar las actuaciones
- qué es el cuadro de mando integral
- qué tipo de organizaciones pueden usar el cuadro de mando integral
- una perspectiva general del resto de la semana

¿Por qué medir el rendimiento?

El objetivo último de la implementación de un sistema para calcular el rendimiento es mejorar la actuación de la organización, y existen evidencias que muestran que es cierto. Un estudio de Lingle y Schiemann concluyó que «las compañías gestionadas a través de medidas» tenían mejores resultados que otras en tres aspectos importantes. Se veían como empresas industriales líderes que proporcionaban resultados financieros elevados y eran expertas en el cambio empresarial.

Un buen sistema de evaluación le ayudará a triunfar de cinco maneras. Le ayudará a:

- establecer su situación actual
- comunicar instrucciones
- estimular acciones en las áreas más importantes para su negocio
- facilitar el aprendizaje
- influenciar conductas

Establecer su situación actual

Este punto es importante porque necesita saber dónde está su punto de partida. ¿Cuál es el estado básico de la organización? ¿Cuál es el nivel de rendimiento con el que juzgará la mejora? ¿Cuáles son sus puntos fuertes/debilidades?

A no ser que haga una evaluación adecuada y consecuente, el espíritu global de esta valoración se verá debilitado. Antes de empezar a hacer comparaciones entre departamentos o entre su compañía y las de otras personas tiene que establecer cuál es su situación actual a través de medidas de rendimiento adecuadas y claramente definidas. Establecer su estado actual, pues, es un primer paso vital en la medida del rendimiento.

Comunicar instrucciones

Esto está relacionado con decidir y comunicar hacia dónde está dirigiéndose, y con lo que es importante para la organización. Hemos dicho que «lo que se calcula, se realiza». Al crear un conjunto de medidas, ya está indicando qué es importante y dónde tendrían que concentrar sus esfuerzos, porque así es cómo va a juzgarse su propio rendimiento. Un buen sistema de valoración puede proporcionar un conjunto claro de objetivos medibles y escalas temporales para lograrlos basadas en la planificación estratégica de la empresa. Si se obtienen compromisos con las medidas y se publican, es posible crear una cultura de éxito, una en la cual los individuos dejan de trabajar a la sombra y saben lo que se espera de ellos, y pueden ver el progreso que están haciendo.

¿Cuántas veces ha visto una planificación estratégica bien construida, elaborada y que se hayan leído unas cuantas personas, pero que se ha comunicado de forma ineficaz por todo el negocio? Las medidas de actuación pueden rectificarlo explicitando los objetivos y propósitos, dándole vida a la estrategia y comunicando instrucciones a toda la empresa.

Estimular acciones en áreas primordiales

Esto garantiza que el tiempo y la energía se dedican a aspectos que son importantes para la compañía. Las medidas deberían mostrar hacia dónde debería dirigirse el esfuerzo. Es importante indicar en este punto que las medidas no son estáticas, evolucionan. Si un resultado se hace más sólido, es posible centrar la atención en otra área más débil. Las valoraciones regulares también subrayan, en una primera fase, todas las tendencias que afectan el negocio, lo que hace posible que se tomen acciones antes de que sea demasiado tarde.

Simplemente recuerde que si no se toma ninguna acción como resultado de una medida, se pierde todo el ímpetu.

Facilitar el aprendizaje

Se trata de una parte importante del proceso de cálculo del rendimiento. Disponer de un conjunto de medidas es una cosa, pero el beneficio real proviene de la reflexión sobre lo que las medidas están indicándole y de decidir qué acción debería tomarse. Usar un buen grupo de medidas para fomentar un debate sobre los aspectos fundamentales de la estrategia empresarial puede facilitar la toma de decisiones y, por lo tanto, sacar adelante el negocio.

Hay dos preguntas importantes que debería plantearse:

- ¿Las medidas muestran lo bien que está implementando su estrategia?
- ¿Las medidas reflejan que la estrategia es correcta en líneas generales?

Las medidas deberían darle información que le ayude a responder ambas preguntas, pero esto sólo sucederá si dedica un tiempo a revisar y reflexionar, usando las medidas para facilitarle el aprendizaje.

Influenciar conductas

Esta idea consiste en estimular la conducta adecuada y desanimar las acciones inadecuadas. Si se diseñan y se comunican correctamente, las medidas pueden motivar a las personas a alcanzar los objetivos y propósitos de la organización. El hecho de implementar medidas afecta las conductas ya que, simplemente, centra la atención en las áreas clave.

Sin embargo, las medidas que se construyen errónea-
mente pueden destruir el rendimiento de una empresa. Esto
puede suceder cuando la mejora del rendimiento de la actividad que se está valorando no mejora el rendimiento global
del negocio. En este caso, es posible que el esfuerzo se diri-
ja hacia la dirección equivocada de acciones improductivas
y que se derrochen mucho tiempo y esfuerzo.

Para concluir, la implementación de un sistema de evaluación del rendimiento puede tener efectos de grandes repercusiones en la organización. Se puede usar para:

- decidir cuáles son los impulsores principales del
  rendimiento,
- reenfocar y estimular actividades en estos
  impulsores empresariales básicos,
- llamar la atención sobre los objetivos y propósitos,
- crear una cultura de éxitos,
- percibir de antemano todas las tendencias que
  afectan el negocio, de modo que los cambios se
  puedan realizar en el momento adecuado.

Por tanto, antes de implementar el sistema, está claro que
es importante estar de acuerdo y diseñar un conjunto adecuado de medidas y comprometerse con ellas. Las medidas
influyen las conductas y las actividades, así que el nivel de
su éxito dependerá en gran parte en lo bien que haya cons-
truido su sistema.

¿Qué es el cuadro de mando integral?

En la década de 1980, muchos estudiosos y asesores empezaron a darse cuenta de que se estaba poniendo demasiado énfasis en las medidas de actuación financieras y contables. Los sistemas de contabilidad empresarial se habían perfeccionado para producir desgloses e informes de la varianza extensos, pero se consideró que no eran útiles para gestionar una empresa porque estaban enfocadas internamente y miraban hacia el pasado.

Para superar estos defectos varios académicos y asesores empezaron a plantear el concepto de equilibrio. Entre ellos estaban Robert Kaplan y David Norton, quienes popularizaron la idea de un cuadro de mando integral, inicialmente en los Estados Unidos.

Kaplan y Norton identificaron cuatro perspectivas, cada una de las cuales representaba una cara importante de una organización. Éstas eran:

- finanzas
- clientes externos
- proceso interno
- innovación y aprendizaje

Su idea era que estas cuatro perspectivas representan una visión equilibrada de cualquier empresa, y que al crear medidas para cada una de estas designaciones no se pasaría por alto ninguna sección importante. Cabe recordar que el cuadro de mando integral por sí mismo es sólo un sistema y no indica cuáles deberían ser las medidas específicas. Esta es una cuestión que deben decidir las personas de dentro de la organización, y el conjunto de medidas serán diferentes para cada entidad (o incluso para secciones dentro de la misma compañía). La mayor parte del éxito del cuadro de mando depende de cómo se acuerden las medidas, la forma cómo se implementen y cómo se obedezcan. Por lo tanto, el proceso de diseño del cuadro de mando es tan importante como el cuadro de mando en sí.

Un cuadro de mando integral típico para una compañía manufacturera tiene un aspecto parecido al de la Figura 1.

En los negocios se acepta que las necesidades financieras de la empresa tienen que atenderse. En el nivel más básico debe haber flujo de caja para sostener la empresa. Además, la compañía debe proporcionar dinero para cubrir todos los intereses sobre sus deudas. Finalmente, las partes interesadas o los propietarios buscan un beneficio sobre sus inversiones.

No obstante, centrarse puramente en los aspectos financieros no es suficiente. En primer lugar, este enfoque tiene como resultado que las personas tomen las opciones más fáciles para mejorar el rendimiento: reducir costes en lugar de alentar el crecimiento. Esto puede llegar a ser beneficioso a corto plazo, pero a largo plazo los recortes en inversiones, investigación y desarrollo perjudicarán la empresa. En segundo lugar, las medidas financieras son «medidas de resultados», es decir, ofrecen una medida de lo bien que todas las otras actividades se han realizado. No indican cómo mejorar el rendimiento, ni por qué las medidas financieras solas son insuficientes para gestionar el negocio.

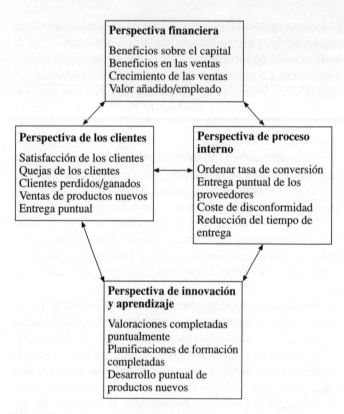

Figura 1: Un cuadro de mando integral típico de una compañía manufacturera.

Los clientes son el alma de la empresa, sus pedidos y pagos son las razones para que exista el negocio. Por eso, es muy importante entender las necesidades de los clientes actuales y potenciales de manera que sepa por qué le compran a usted en la actualidad y qué determinará si le seguirán comprando en un futuro. Por este motivo necesita la perspectiva de los *clientes*. Sin embargo, satisfacer a los clientes por sí solo no es suficiente. En el nivel más absurdo, podría regalar su producto o servicio para el disfrute de sus clientes, pero ¡para la ruina de su empresa! Hay que introducir otros objetivos empresariales para crear un equilibrio.

Para satisfacer a los clientes y obtener beneficios financieros, la compañía debe ser eficaz y eficiente en lo que hace. De ahí surge la tercera perspectiva: *el proceso interno*. Entonces, el objetivo no es ser bueno en todo, sino brillante en la producción de los productos o servicios que coinciden con las necesidades exactas de los clientes.

Si el mundo se mantuviera tranquilo, sólo necesitaríamos tres perspectivas, pero, como sabemos, cambia constantemente. Para mantenerse al tanto de las demandas crecientes de sus clientes y del mejor rendimiento de sus competidores, necesita *innovar y aprender*. La cuarta perspectiva consiste en desarrollar las capacidades y los procesos que necesitará en el futuro. Esta perspectiva suele contener la mayoría de las medidas para el crecimiento personal.

La cuarta perspectiva está diseñada para equilibrar:

- lo financiero y lo no financiero
- lo interno y lo externo
- el rendimiento actual y el futuro

Más recientemente, el cuadro de mando integral ha evolucionado para explicitar más los vínculos entre las medidas individuales. Esto se ha hecho construyendo lo que se denomina un «Modelo Empresarial», el cual relaciona las mejoras en un área con las de otra.

Perspectivas

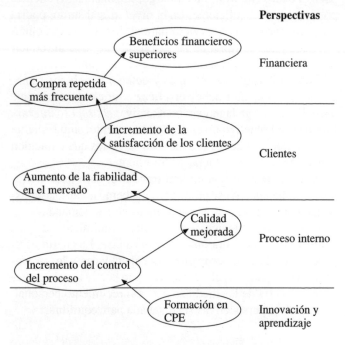

Figura 2. Un ejemplo de un modelo empresarial parcial.

Vamos a dar un ejemplo sencillo. Es posible que una empresa crea que la formación en CPE (control de procesos estadísticos) puede llegar a mejorar el control sobre sus procesos industriales. Se cree que este incremento en el control ampliará la calidad de un producto. Puede ser que esta mejora de calidad se entienda como una mejora en la fiabilidad del producto en el mercado y esto podría llegarse a reflejar en un incremento de la satisfacción de los clientes. Como resultado, los clientes pueden llegar a realizar más compras repetidas, lo que incrementará el volumen de ventas y llevará a beneficios financieros (véase Figura 2). Un modelo empresarial de este tipo trasciende a todas las perspectivas del cuadro de mando integral. En el ejemplo anterior, se relaciona un programa de formación innovador con el beneficio financiero para el accionista.

Muchos cuadros de mando se representan actualmente de forma pictórica, lo que muestra vínculos entre las perspectivas. La Figura 3 es un ejemplo de cómo el Chartered Management Institute ha utilizado el cuadro de mando para mejorar la eficacia del funcionamiento de su formación.

¿Qué tipo de organizaciones pueden beneficiarse del uso del cuadro de mando integral?

Como el cuadro de mando constituye realmente un sistema en el que la empresa elige un conjunto de las medidas más adecuadas para su propia actividad, puede usarlo cualquier negocio o proveedor de servicios. Podría llegar a adaptarse para un uso personal, individual, pero esta no es la función de este libro.

La belleza de esta técnica reside en su flexibilidad. El sistema proporciona la estructura necesaria, pero los detalles pueden adaptarse especialmente a las necesidades de todas las empresas.

Estrategia de crecimiento de los ingresos

Crecer atrayendo a clientes nuevos y ampliando las fuentes de ingresos de los clientes actuales

Estrategia de eficiencia interna

Mejorar la eficacia operativa: aumentar el índice de respuesta de marketing y concentrarse en áreas de beneficios clave

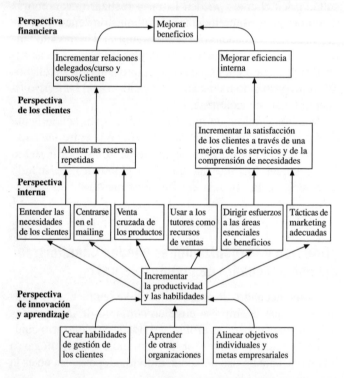

Figura 3. Versión del cuadro de mando integral elaborado para el funcionamiento de los cursos del Chartered Management Institute.

El cuadro de mando integral se elaboró originariamente para el sector empresarial, para organizaciones orientadas a la obtención de beneficios. No obstante, no existe ninguna razón por la que no debería usarse para instituciones benéficas y organizaciones del sector público. Una manera sencilla de adaptar el cuadro de mando para este tipo de entidades es cambiar las posiciones de las perspectivas de los clientes y la financiera. De esta manera, el objetivo es maximizar el servicio proporcionado a los clientes dentro de las limitaciones de las finanzas disponibles.

TODOS ENCAJAN CON LA DESCRIPCIÓN

Resumen

Un buen sistema para calcular el rendimiento debería incluir:

- un equilibrio de las medidas de rendimiento financiero y no financiero,
- un equilibrio de las medidas internas y externas,
- un equilibrio de las medidas de éxitos pasados y las medidas que ayudan a predecir el futuro,
- un conjunto de medidas consecuente que cree una base firme para calcular el progreso o hacer comparaciones,
- un conjunto de medidas único que comunique la dirección de las estrategias, los objetivos y los propósitos,
- un mecanismo que estimule acciones a partir de los resultados de las medidas,
- un mecanismo para revisar y aprender a partir de la información que ofrecen las medidas.

Cómo empezar

Hoy vamos a estudiar cómo empezar, en concreto respecto a:
- crear el entorno adecuado para el éxito
- obtener compromisos
- quién debería estar involucrado

Crear el entorno adecuado para el éxito

Como en todos lo proyectos y procesos, es importante entrar con buen pie y animar a todos los involucrados mostrándoles algunos beneficios rápidos. Esto significa dedicar una cantidad sustancial de tiempo de pensamiento al principio a los factores que crearán un comienzo triunfal. Realmente, este es tiempo bien gastado, porque aún se necesitaría más tiempo para obtener el compromiso de las personas después de un comienzo inestable.

Primera etapa: Defina el campo de acción

Entonces, ¿por dónde empieza? Piense primero en el alcance y la finalidad del proceso. ¿Por qué lo está haciendo y a qué sección de la empresa repercutirá? Lógicamente, tiene sentido colocar medidas de alto nivel en primer lugar. Se trata de medidas relacionadas con la estrategia de la compañía en general, la estrategia de negocios filiales o de líneas de producción o de un departamento. Lo importante es que existe un área del negocio claramente definida en la que puede establecer los objetivos más importantes que están de acuerdo con la estrategia. Es posible realizar un enfoque ascendente respecto a la medición del rendimiento, pero éste se basa, naturalmente, en mejoras fundadas en departamentos que tienen menos impacto (aunque sí que tienen un impacto y se pueden llevar a cabo más adelante).

Si es el instigador del proceso, tiene que estar en una situación en la que pueda definir sus propios objetivos, si no tendrá que negociar un acuerdo para hacerlo de forma que el proceso no se debilite por una iniciativa a un nivel más superior.

Segunda etapa: Piense en los grupos de personas de las que necesita apoyo y cuáles son los beneficios para ellos.

Cuando haya definido su campo de acción, tendrá un conocimiento más claro de los grupos de personas de quienes necesitará un compromiso. Vale la pena dedicarle un tiempo a pensar quiénes son y qué es lo que querrán obtener del proceso. Independientemente de que decida optar por un enfoque descendente o ascendente, seguirá necesitando el apoyo del equipo directivo. Diseñar e implementar un sistema de rendimiento usando el cuadro de mando integral representa un inversión de tiempo considerable y no se puede hacer eficazmente por separado. El equipo directivo debería ayudar a facilitar esto.

Para hacer un uso eficaz de los resultados que obtenga al utilizar el proceso, necesita obtener el compromiso de su plantilla, y es posible que haya otros grupos de personas a las que necesite influenciar en sus circunstancias particulares. La segunda parte de esta sección trata de las tácticas para alcanzar este compromiso; en esta etapa, piense simplemente en las personas de las que necesita apoyo.

Tercera etapa: Establezca el calendario

Otro factor importante es establecer una planificación temporal correcta. En la actualidad, ¿qué otras iniciativas existen en el negocio? Si está pasando por un programa de reestructuración importante, es posible que este no sea el momento de embarcarse en otra cosa; ¡obtener el compromiso tanto de sus colegas como de los trabajadores puede llegar a ser difícil!

Piense también en el momento para empezar a implementar el cuadro de mando integral. Si comienza a finales de año o en el momento de revisión de presupuestos, es menos posible que obtenga apoyo, porque los demás estarán muy ocupados.

Finalmente, si su empresa está haciendo frente a una crisis de cualquier tipo, entonces probablemente este no será el mejor momento de realizar el cuadro de mando integral. Es una inversión para el futuro y los beneficios tienden a ser a un plazo más largo. En una crisis, existen otras formas más adecuadas de generar los beneficios necesarios a corto plazo.

Cuarta etapa: Considere la relación con la estrategia de la organización y con otras iniciativas estratégicas.

El punto siguiente que tiene que plantearse es en qué punto encaja el proceso con el ciclo de planificación estratégica. El cuadro de mando integral debería ofrecer claridad y medidas respecto a la planificación estratégica y colaborar en su implementación. Piense también en la relación con otras iniciativas existentes en la empresa. Durante los últimos años, muchas personas se han quejado de estar sufriendo un exceso de iniciativas: gestión de calidad total, reorga-

nización del proceso empresarial, inversores en personas...
¿Cuál será la siguiente? No permita que el cuadro de mando
integral se vea simplemente como un plan más dentro de
una serie de proyectos extraordinarios con un principio, una
fase intermedia y un final. Debería entenderse como una
continuación de estas iniciativas en lugar de algo totalmente
nuevo, como una herramienta que ayudará a implementar la
GCT o la estrategia empresarial. Si se añade a proyectos
previos, el cuadro de mando integral puede entrelazarse con
la gestión diaria de la compañía.

Alcanzar un compromiso

Creemos que el uso más eficaz del cuadro de mando integral es ayudar a las personas a valorar su propia eficacia
en áreas básicas de la empresa y a usar estas medidas para
mejorar el rendimiento. En algunas entidades las medidas se
usan como una forma de evaluar la actuación de los individuos o para crear competencia entre secciones comparables
de la compañía, como por ejemplo implantar una lista de
clasificación entre sucursales distintas.

En este punto, el problema es que es probable que las
medidas se obedezcan con resistencia, y seguramente se
convertirá en una competición para obtener los mejores resultados de valoración, en vez de en un esfuerzo de equipo
genuino para optimizar el negocio.

Este libro se centra en una opción más participativa para
usar el cuadro de mando integral al convencer a los directivos y a la plantilla de que usen medidas como una buena
forma de gestionar el rendimiento de la compañía. Para lograrlo debe resaltar los beneficios para las personas.

Es importante eliminar, siempre que sea razonable, la amenaza de culpas personales para los individuos. En culturas de mucha culpa, las personas temen los sistemas de evaluación de rendimiento, porque se arriesgan a críticas desagradables. En este clima no es probable que estén plenamente abiertos a los resultados y puede ser que frenen el proceso de valoración. Una forma de superarlo es concentrarse de forma objetiva en los temas empresariales y en los problemas asociados al proceso, en lugar de centrarse en las debilidades individuales.

Es posible que en las discusiones iniciales haya temas difíciles que hay que airear antes de que el proceso pueda avanzar hacia el resultado final de crear un conjunto de medidas de actuación eficaces y de objetivos. Los problemas políticos graves que surjan más adelante pueden provocar complicaciones, por lo tanto es útil plantearlos en la fase inicial y encontrar una forma de resolverlos.

Quién debería estar involucrado

Si está adoptando un enfoque descendente, entonces todo el equipo de dirección tiene que estar involucrado en el proceso, ya que está midiendo la empresa como un todo. Si deja a alguna persona al margen, no sólo perderá su aportación sino que también perderá el compromiso y el apoyo de esa parte del negocio. No puede delegar el ejercicio de acordar y diseñar las medidas a un equipo de empleados. Si los directivos más importantes no están involucrados, la iniciativa será percibida como un paso sin importancia.

Al expandir las medidas hacia el resto de la empresa, otras personas pueden verse envueltas en las etapas adecuadas del proceso.

La cuestión siguiente que hay que abordar es si usar un asesor externo que le guíe a través del proceso. Existen, evidentemente, ventajas e inconvenientes de servirse de un asesor o intermediario externos, y tendrá que tomar una decisión de acuerdo con las circunstancias actuales de la organización.

Usar a un asesor o intermediario externos

Ventajas

- ofrece un punto de vista objetivo
- aporta la experiencia de usar el proceso en otras empresas, lo que es posible que incremente sus posibilidades de éxito
- proporciona habilidades de facilitación para gestionar debates y pone a prueba opiniones existentes

- procura tiempo y recursos adicionales

Inconvenientes

- podría resultar caro
- es posible que no entienda la empresa
- la «química» puede llegar a no encajar con el equipo directivo
- puede ser difícil para una persona externa ser aceptada (no es una invención)

Independientemente de que decida emplear a un asesor externo o no, necesitará a un manager del proyecto interno que sea el responsable de la gestión diaria del proyecto y que actúe como punto de contacto con el asesor externo si es que decide nombrar a uno. Esta persona garantizará que la administración va sobre ruedas, y también debería actuar como otro «campeón interno» para el proyecto. El manager del proyecto debería informar al promotor del proyecto, al directivo o director que puede utilizar su autoridad para hacer que se hagan las cosas cuando sea necesario.

Resumen

En este capítulo nos hemos centrado en las formas de crear el entorno adecuado para empezar a aplicar el cuadro de mando integral eficazmente. Tiene que:

- Definir el campo de acción de la empresa que hay que valorar a través del cuadro de mando integral.
- Pensar en las personas de quienes necesitará el apoyo para implementar con éxito el proyecto, y considerar sus necesidades; esto le ayudará a conseguir su compromiso.
- Fijar un calendario; no empiece un nuevo proyecto importante si está involucrado en demasiadas iniciativas diferentes.
- Considerar la relación con la estrategia de la empresa y con otras iniciativas estratégicas; el cuadro de mando integral se puede usar para que colabore en la implementación de iniciativas estratégicas.
- Intentar airear los problemas políticos en la primera etapa, lo que contribuirá a evitar dificultades más adelante.
- Recalcar los beneficios del cuadro de mando como herramienta para gestionar el rendimiento del negocio y no como un garrote con el que amenazar a los individuos.
- Involucrar al equipo de dirección.
- Nombrar a un manager del proyecto que gestione el curso diario del proyecto durante la fase inicial.

Decidir qué es importante

En el último capítulo se ha indicado cómo establecer el entorno adecuado para el éxito y se ha ofrecido una visión general de cómo empezar el proceso de aplicación del cuadro de mando integral. Ahora ha llegado el momento de pensar en las medidas en sí y en lo que hay que valorar.

Hoy se va a exponer:

- cómo identificar las necesidades de las diferentes partes interesadas de la empresa
- cómo decidir los impulsores esenciales del rendimiento empresarial
- cómo valorar lo adecuado

Quizá *el factor* más importante para el éxito a la hora de usar el cuadro de mando integral sea asegurarse de que se evalúan los puntos adecuados. Si valora los equivocados, puede canalizar la energía y el tiempo hacia actividades que no están contribuyendo al éxito de la compañía, con resulta-

dos perjudiciales. La segunda tarea del equipo de proyectos (después de acordar la envergadura de lo que tiene que cubrir el proyecto y quién tiene que estar involucrado) es decidir qué debería medirse.

Analizar las necesidades

¿Cómo decide qué es importante para su negocio? A continuación, encontrará un sistema sencillo diseñado para ayudarle a aclararse las ideas.

Un requisito básico para el éxito es identificar y satisfacer las necesidades de los clientes de acuerdo con la estrategia empresarial. Los clientes tendrán unos requisitos y la estrategia de su empresa se habrá creado para tenerlos en cuenta. Pero también necesitará tener en cuenta otros, que incluyen las necesidades de las partes interesadas, empleados o hasta de la comunidad local, dependiendo de la naturaleza de la organización. A partir de este punto puede tomar dos enfoques:

IGNORE A LOS INTERESADOS A SU CUENTA Y RIESGO

1. Observar la estrategia y extrapolar de ella cuáles son los factores esenciales que garantizan el logro de los objetivos estratégicos.
2. Analizar las necesidades de los interesados para asegurarse de está centrándose realmente en los factores más importantes para triunfar.

Si está seguro de que su estrategia refleja las necesidades de los interesados, entonces éste puede ser su punto de partida. Si no, estará bien retroceder para considerar las necesidades de las diferentes partes interesadas en la compañía. Pueden incluir a:

- clientes
- consumidores
- empleados
- accionistas

- propietarios
- organismos reguladores
- comunidad local
- proveedores

Vamos a tomar el análisis de las necesidades de los clientes como un ejemplo de cómo estudiar detenidamente el proceso.

En este punto la idea no es tener en cuenta cada detalle –el ejercicio sería demasiado largo–, sino pensar en los requisitos más significativos que tendrá un grupo en relación a la empresa. La siguiente pregunta que hay que plantearse es: *¿cómo sabe que estos son los requisitos?* Solemos presuponer que sabemos lo que otros grupos quieren y, a veces, vale la pena comprobar que nuestro conocimiento es correcto.

Ejemplo: ¿Qué quieren sus clientes?

Parkway Motor Sales and Service es un concesionario importante que, en el pasado, ha estado ganando la mayor parte de sus beneficios de la revisión de los coches de sus clientes. Los beneficios de esta sección de la compañía han disminuido considerablemente en los últimos tiempos, hecho que sorprendió a la manager general que se ha marcado como preocupación concreta fijar unos niveles altos en los procedimientos y el servicio al cliente. Ha estado dirigiendo cursos de formación regulares para sus empleados relacionados con la revisión de coches. Estos cursos han incluido una sesión sobre las necesidades de los clientes y cómo cumplirlas, con una lista de acciones que hay que seguir cuando se revisa un coche. Éstas se expresaron de la forma siguiente:

- todo el trabajo tiene que ser completado de modo que revise las especificaciones en el tiempo requerido,
- hay que colocar protecciones en los asientos del coche y en el volante para prevenir manchas de aceite,
- hay que limpiar el coche antes de devolvérselo al cliente,
- los coches tienen que estar aparcados cerca de la puerta del local una vez completada la revisión para que los clientes puedan llevárselos con facilidad,

- hay que garantizar un servicio agradable y personalizado.

A pesar de estas acciones, había pocas personas que volvieran a llevar el coche a Parkway para revisarlo. Desesperada, la manager general decidió hacer una encuesta a los clientes para descubrir lo que no estaba funcionando. Los resultados mostraron que los clientes querían los siguientes puntos:

- Servicio todo el sábado (o uso de un coche de cortesía), porque necesitaban el coche durante la semana para ir a trabajar: las citas para el sábado en Parkway estaban reservadas con semanas de antelación y los dos coches de cortesía siempre estaban ocupados.
- Un procesamiento más rápido del papeleo para que se pudiera recoger el coche más rápido y llevárselo: las colas en Parkway podían ser bastante largas, lo que implicaba un retraso antes de que los clientes pudieran regresar a casa al final del día.
- Por lo general, costes más bajos y una llamada telefónica para pedir permiso al cliente para seguir con reparaciones que superasen cierto nivel de gastos: ¡algunos clientes tuvieron una sorpresa desagradable al ir a pagar la factura!

Provista de toda esta información, la manager general fue capaz de hacer algunos cambios para asegurar que los clientes quedasen satisfechos y volviesen a Parkway para hacer las revisiones.

Comprobar su conocimiento de las necesidades puede llegar a implicar encargar encuestas de mercado o, simplemente, hablar con una muestra de clientes. Cualquier camino le ayudará a garantizar que se está centrando en los factores más productivos. El ejercicio siguiente le ayudará a mejorar su conocimiento sobre las necesidades de los clientes y dará prioridad a las acciones para mejorar.

a. Hacer una lista de lo que cree que es importante para sus clientes (o para el grupo más importante de interesados).

b. Calificar en una escala del 1 al 10 cómo cree que está actuando en cada uno de estos puntos.

c. Pensar en sus competidores principales y valorar cómo cree que están actuando en los mismos puntos.

d. Preguntar a una muestra representativa de clientes qué es importante para ellos y pedirles que evalúen su actuación.

Este es un ejercicio útil porque muestra cualquier discordancia entre los requisitos de los clientes y el centro de atención de la empresa. Fíjese en el ejemplo siguiente de una empresa que fabrica ventanas:

Atributo	Rendimiento de la empresa	Rendimiento del competidor	Clasificación de lo importante para el cliente
Entrega puntual y completa	5	7	9
Duración de la entrega Tiempo de entrega	9	6	6
Elección de estilos	9	8	7
Calidad de los acabados de la ventana	9	8	9
Precio bajo	6	8	8
Atención al cliente posterior	6	7	9

Está claro que existen varias discordancias en este ejemplo. La compañía se ha centrado en lograr un tiempo de entrega corto cuando lo que es realmente importante para el cliente es tener la entrega completa en la fecha acordada. ¿Habría sido mejor, quizá, haber tenido un tiempo de entrega un poco más largo y haber usado el tiempo extra para garantizar que no hubiera ningún error en la entrega?

¿Quién es el cliente?

Sólo una advertencia: es importante comprender las necesidades diferenciadas de los clientes y de los consumidores. Lea el ejemplo siguiente sobre la compra de un juguete, en el que el comprador (cliente) es el padre y el consumidor es el niño. No hay duda de que habrá diferencias distintas entre las necesidades y deseos de estos dos grupos. Es posible que el niño no tenga ninguna preocupación sobre los niveles de ruido (cuanto más ruido, mejor, quizá). Las características potencialmente perjudiciales para el fabricante,

	Propietario de la casa	Arquitecto	Constructor	Comerciante del constructor
Calidad	Deben durar Deben parecer bonitos	Efectos especiales para diseños interesantes Deben parecer bonitos	Fáciles de instalar Sin daños en el momento de llegar	No quiere devoluciones
Coste	Bastante importante para el precio global de la casa	Menos importante	Coste significativo de construcción	Interesado en el margen de beneficios
Tiempo	Es importante que la casa esté acabada puntualmente	Ninguna preocupación especial	Deben llegar cuando se prometió Tiempo de entrega corto	Deben llegar cuando se prometió Tiempo de entrega corto
Flexibilidad	Ningún interés especial	Amplia variedad de productos entre los que elegir	Ninguna preocupación especial	Amplia variedad de productos para atraer a una gran diversidad de clientes

Figura 4. Las necesidades diferenciadas de consumidores y clientes.

como la pegajosidad o los bordes afilados, ¡pueden verse como beneficios en los ojos del niño! El padre, en cambio, mirará las características, como por ejemplo: la duración, la seguridad y la relación calidad-precio. Es evidente que esto conduce a aspectos que el departamento de marketing tiene que considerar, pero también es importante adquirir un conocimiento sobre los clientes y consumidores diferentes para los propósitos de implementación del cuadro de mando integral.

La Figura 4 es un ejemplo de las necesidades diferentes de los clientes y los consumidores de un fabricante de ladrillos.

Después de analizar las necesidades de varios interesados, el paso siguiente es usar esta información para decidir lo que afecta realmente el éxito de su empresa, usando las cuatro perspectivas del cuadro de mando integral como un marco para pensar en los objetivos y las medidas de cada sección. Está claro que éstas serán peculiares de su negocio, pero a continuación encontrará un ejemplo sencillo de un cuadro de mando integral.

El Jardín del Edén

La empresa de jardinería «El Jardín del Edén» ha cambiado de manos recientemente. Es un negocio de renombre situado en un área frondosa de Worcesterchire, donde hay un número significativo de casas grandes y desarrollos ejecutivos selectos. El dueño anterior era un jardinero muy entusiasta más que un hombre de negocios, y construyó la compañía hasta el punto de que empleó a 30 jardineros, usando sus contactos y reputación para atraer nuevos negocios de toda Inglaterra. A pesar de que la empresa había mostrado un crecimiento durante los dos últimos años, los beneficios habían estado disminuyendo. Dos empresas rivales habían sido constituidas durante ese tiempo por empleados antiguos que no tenían sus gastos, mientras que antes no había tenido casi ningún competidor.

El nuevo propietario ha estado trabajando en una planificación estratégica y ha decidido que sus objetivos primordiales serán lograr un crecimiento rentable de los servicios existentes, pero con un movimiento «selecto» hacia un segmento superior precio / calidad del mercado y una cuota de mercado incrementada en un radio de 25 millas de su oficina. Tiene ganas de medir lo bien que está progresando para lograr sus objetivos estratégicos y ha decidido utilizar el cuadro de mando integral como sistema para hacerlo.

Perspectiva financiera

Objetivo: lograr un crecimiento rentable
Medidas: crecimiento de las ventas netas;
rendimiento económico; valor del pedido medio; valor de ventas por empleado.

Perspectiva de clientes

Objetivo: ganarse una reputación, sobre todo para un servicio de alta calidad y de confianza; ser el jardinero

elegido para proyectos paisajísticos de entre 10.000 y 50.000 euros.
Medidas: índice de conversión de las demandas de información a contratos en la gama de valores especificada; número de remisiones para el negocio, porcentaje de contratos de mantenimiento anuales renovados.

Perspectiva interna:

Objetivo: reducir el tiempo de viaje desde y hasta el cliente; incrementar la eficacia.
Medidas: tiempo de viaje como porcentaje de tiempo trabajado; valor del capital de equipamiento como porcentaje de la facturación; salarios como porcentaje de la facturación.

Perspectiva de innovación y aprendizaje:

Objetivo: incrementar la calidad del trabajo realizado; mantenerse al corriente de los desarrollos nuevos en jardinería.
Medidas: número de días de formación por empleado; satisfacción de los empleados; número de sugerencias de los trabajadores para diseños nuevos.

Identificar los impulsores principales del negocio: el enfoque «qué/cómo»

El enfoque «qué / cómo» es una técnica sencilla para traducir un objetivo empresarial de alto nivel en una serie de sub-objetivos necesarios para lograr este objetivo. Es el enfoque adoptado por Kaplan y Norton en su libro *The Balanced Scorecard, Translating Strategy into Action*, y variaciones de éste han sido usadas por empresas como BT.

La idea es estimular el debate entre los miembros del equipo de dirección sobre el objetivo central de la empresa. Una vez se haya llegado a un acuerdo, debería conducir el debate a partir de «qué hay que lograr» y «cómo se debería conseguir».

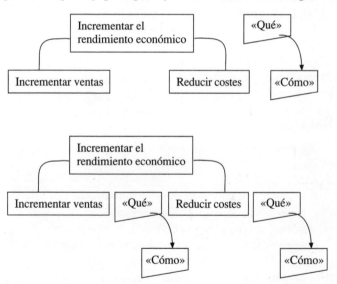

Figura 5. Un ejemplo de qué/cómo.

Vamos a citar un ejemplo. Su empresa desea incrementar los beneficios financieros: el «qué». El equipo de dirección puede ser que vea dos métodos básicos para lograrlo: los «cómo». Éstos son: incrementar los ingresos y reducir los costes. Véase Figura 5.

El equipo de dirección, entonces, convertirá la pregunta en cómo incrementar los ingresos y reducir los costes. Los «cómo» para incrementar los beneficios se vuelven, pues, en los «qué» del siguiente nivel descendente.

De este modo, los «cómo» y los «qué» para lograr la estrategia van expandiéndose de forma descendiente por la empresa. Al hacerlo, está creando un modelo empresarial, que encapsula cómo creen los managers que una acción en un nivel afecta los resultados del siguiente, dibujando la creencia en un diagrama causa y efecto que comunica la estrategia.

Esta es una técnica útil para desarrollar y explicitar una versión de su estrategia empresarial que establece objetivos de alto nivel.

Resumen

En este capítulo se ha revisado cómo decidir qué hay que evaluar.

- Identificar los factores más importantes que constituirán el éxito de la empresa. Es posible que se hagan aparentes a partir de la planificación estratégica o puede ser necesario volver atrás para identificar y analizar las necesidades de los diferentes partícipes de la compañía.

- Al pensar en las necesidades de estos interesados, diferencie entre las necesidades de los clientes y las de los consumidores, y asegúrese, tanto como le sea posible, de que éstas son las necesidades reales, y no sólo su interpretación de ellas.
- Con las necesidades de las partes interesadas y los objetivos básicos de su planificación estratégica en mente, elabore un conjunto de objetivos y medidas para cada una de las cuatro perspectivas del cuadro de mando integral. No olvide considerar todas las implicaciones de las medidas que ha elegido.

Cómo calcularlo

Hoy vamos a fijarnos en el diseño de las medidas en sí, lo que engloba:

- problemas con las medidas
- el informe sobre la evaluación de actuaciones
- ejemplos de medidas
- diseño de grupos de medidas

Problemas con las medidas

Muchas personas creen que el proceso está terminado cuando se han establecido los objetivos, pero no es cierto. Tiene que diseñar sus medidas detenidamente tal y como lo demuestra el siguiente ejemplo sacado de la vida real.

Una compañía aérea se dio cuenta de que un aspecto importante de la satisfacción de los clientes venía determinado no sólo por el propio vuelo, sino por la rapidez con la que los pasajeros recibían las maletas después del aterrizaje. Por consiguiente, la compañía estableció un objetivo para mejorar la velocidad de entrega del equipaje e introdujo una medida de actuación para intentar apoyar esta nueva iniciativa. Después de haber introducido esta medida de actuación, se observó en acción a un equipo de mozos encargados de la entrega del equipaje en el aeropuerto y esto es lo que sucedió.

El equipo de encargados del equipaje estaba de pie hablando y fumando en grupo mientras esperaba el vehículo que transporta el equipaje desde el avión. Cuando llegó, el líder del grupo se puso al trabajo. Cogió una bolsa pequeña del primer remolque y se la lanzó al miembro más joven del equipo, quien la cogió e hizo un esprint para cruzar la pista de despegue. Al alcanzar la cinta transportadora de maletas, lanzó la bolsa y luego se relajó, paseándose de vuelta hacia el resto del grupo. Los otros mozos de maletas permanecían inmóviles ante esta actividad frenética y seguían engrosando su conversación que siguieron hasta que terminaron los cigarrillos. No fue hasta el momento en que terminaron la charla y los cigarrillos que el equipo entero empezó a descargar los vagones.

La empresa empezó correctamente ya que intentó mejorar el servicio al cliente, e identificó los determinantes principales para la satisfacción de los clientes, una de las cuales era «entrega rápida de las maletas de los clientes». Sin embargo, la medida era inadecuada. Centrando el énfasis en el tiempo que tardaba la primera bolsa en llegar, no consiguieron provocar la conducta que deseaban.

Pensar con claridad es vital para decidir qué hay que calcular. Cuando se toman a simple vista, hay algunas medidas que parecen sumamente adecuadas, pero si se toman por separado o se llevan a su conclusión lógica, es posible que acaben siendo perjudiciales.

Se propone una medida sobre el número global de delegados que asisten a cursos cada mes a un proveedor de cursos de formación. Como dos de los objetivos de la empresa son ser visto como un proveedor de referencia en el desarrollo de gestión, en primer lugar, y obtener beneficios, en segundo, esta medida parece adecuada.

Las presuposiciones subyacentes son: (a) cuantos más delegados asistan mejor, porque más personas conocerán los servicios de la compañía, y (b) el aumento del número de delegados incrementa el beneficio.

El acto de evaluar y, por tanto, de centrar la atención en atraer un mayor número de delegados influenciará la estrategia a la hora de hacer propaganda, valorar el precio y determinar los hechos ofrecidos.

Posiblemente, el resultado podría llegar a ser una serie de cursos más baratos y de menor calidad, a los que asisten más personas atraídas por una campaña de marketing muy cara. Esto podría provocar un empobrecimiento de la posición financiera y personas tan desilusionadas con el desarrollo empresarial que no volverán a asistir nunca más a otro curso; lo contrario al resultado deseado.

En este caso, es cuestionable si el número de delegados es una medida útil. Si hay que usarla, debido a los objetivos de la organización, debería equilibrarse con medidas de rentabilidad y calidad.

Cuando se diseñan medidas, hay que tener en cuenta:

- ¿qué conducta va a motivar?
- ¿esta conducta es deseable?

Hoy vamos a centrarnos en la tarea importante de diseñar medidas de actuación. El sistema que vamos a utilizar es el informe para medir rendimiento creado por Andy Neely y sus colegas de la Universidad de Cambridge. Éste plantea una serie de preguntas que debería responder a la hora de diseñar cada medida. Luego, nos serviremos de ejemplos para demostrar el uso de este tipo de informe.

El informe para valorar el rendimiento

Un ejemplo en blanco de este informe se presenta en la Figura 6, así como también una descripción de cada casilla.

Existen muchas buenas razones para completar un informe que evalúe las actuaciones:

Establecer una posición

- Documenta la medida completamente, de modo que todo el mundo sepa precisamente cómo se tiene que calcular.
- Establece la frecuencia de la medida.
- Identifica al responsable individual para la medida y la fuente de datos, de manera que la medida se pueda medir consecuentemente, un punto importante si hay que comparar los resultados entre dos periodos.

Comunicar instrucciones

- Explica por qué estamos valorando un punto.
- Conecta las medidas de actuación con los objetivos de la empresa de alto nivel, dejando claro el vínculo.
- Define meticulosamente qué hay que lograr y cuándo.

Influenciar conductas

- Diseñar la medida indica que la dirección está interesada en este aspecto del rendimiento de la compañía.

Estimular acciones

- Identifica quién es el responsable de tomar acciones para asegurar que el rendimiento mejore.
- Determina la idea general de los primeros pasos para realizar una mejora.

Facilitar aprendizaje

- Sólo con completar el informe para calcular el rendimiento se contribuirá al conocimiento, y este hecho suele conducir a nuevas visiones.

Nombre de la medida	
Finalidad	
Está relacionada con	
Objetivo	
Fórmula	
Frecuencia	
¿Quién evalúa?	
Fuente de datos	
¿Quién actúa sobre los datos?	
¿Qué hacen?	
Notas y comentarios	

Figura 6. Informe para evaluar actuaciones (adaptado a partir de Neely et al, 1996).

El informe para calcular el rendimiento

Nombre

Debería darle un nombre a cada medida que comprendiera su esencia.

Finalidad

¿Por qué está valorando este punto? Si no puede encontrar una buena razón, entonces quizá no debería evaluarlo. Esto debería orientarle cuando está revisando las medidas al responder estas dos preguntas: «¿Qué conducta va a motivar?» y «¿Es deseable?».

Está relacionada con

¿Con qué objetivo empresarial de alto nivel se relaciona esta medida? Debería diseñar medidas que apoyen el logro de los objetivos de máximo nivel; a menudo, los directivos se inclinan por insertar medidas que mostrarán ¡una buena imagen de ellos (o del rendimiento de su departamento)! Al asociar la medida con los objetivos de alto nivel, esta pregunta evita que usted cometa el mismo error.

Objetivo

¿Qué objetivo de rendimiento debería marcar? Sus objetivos deberían incluir un marco temporal para alcanzarlos. Todo lo que haya aprendido antes sobre los objetivos que son «altos pero alcanzables» tiene que aplicarlo en este punto.

Fórmula

¿Cómo se calcula la medida de actuación? Sea exacto; muy a menudo las personas tienden a no incluir una fórmula y, en consecuencia, el departamento de TI toma la decisión. Su fórmula debe contener concretamente lo que está midiendo, si no es posible que obtenga un resultado parecido al ejemplo anterior de los mozos encargados de la entrega del equipaje.

Frecuencia

Debería decidir la frecuencia con que va a calcularse y la frecuencia con la que va a revisar la medida.

Quién evalúa

Debe identificar quién es el responsable de evaluar esta actuación.

Fuente de datos

Debería especificar la fuente de datos para que la medida se tome consecuentemente. De este modo, puede comparar el rendimiento entre dos periodos.

Quién toma la acción

Debe asignar la responsabilidad de tomar acciones en esta medida.

Qué hacen

Debería ser capaz de especificar en líneas generales los tipos de acción que sus trabajadores deberían realizar para mejorar el rendimiento de esta medida. Si no puede describirlo, entonces les está pidiendo demasiado a sus empleados.

Notas y comentarios

Le parecerá útil recoger todas las notas y comentarios adicionales en este punto. Por ejemplo, si el objetivo era una pura conjetura, es posible que quiera anotar que debería revisarlo de nuevo cuando la medida haya estado en uso durante 3 meses.

Un consejo útil

En el capítulo del Miércoles, sugerimos que el equipo de dirección de la empresa debería trabajar conjuntamente para llegar a crear un conjunto de objetivos acordados mutuamente. Éstos se pueden expresar de manera sencilla; por ejemplo: «incrementar el porcentaje de nuestros pedidos entregados puntualmente hasta un 95%» o «reducir el tiempo de espera de los clientes a menos de 5 minutos a cualquier hora». Es posible que el equipo directivo involucrado en la definición de estos objetivos tenga una idea clara de lo que la empresa tiene que lograr, pero que le falte el conocimiento detallado para diseñar una medida de actuación adecuada.

Si la propiedad de la medida comprende a un grupo de directivos y a otros empleados conocedores del diseño de la medida, esto contribuirá a los detalles prácticos de la medida, a comunicar lo que es importante y a explicar por qué es importante. También empezará a mezclar a otras personas en el proyecto de medir el rendimiento y facilitará la transferencia de las medidas al resto de la compañía.

Ejemplos de medidas

En este apartado se describen cuatro ejemplos de medidas, uno para cada una de las perspectivas del cuadro de mando integral. Hemos ofrecido estos ejemplos para recalcar los problemas con que se encontrará cuando diseñe las medidas de actuación. Pero no se preocupe por ello, no es fácil diseñar una medida perfecta y usted no está esforzándose para alcanzar la perfección. Simplemente, tenga en cuenta los defectos de sus medidas y esté preparado para cambiarlas más adelante.

Financiera: rendimiento del capital empleado
(véase Figura 7)

Casi todos los libros de texto sobre contabilidad le enseñarán cómo calcular el rendimiento de la inversión, pero en este caso la precisión contable es menos importante que la comprensión del impacto que tendrá la medida cuando se use dentro de la organización. (Es obvio que si está haciendo comparaciones externas, puede ser que tenga que calcular la medida de otra forma, pero tenga cuidado al comparar medidas «brutas» entre empresas. A menudo, las medidas se han adaptado para que encajen con un propósito particular y a menos que se entiendan completamente no son nada comparables.)

El resultado que desea de esta medida es probablemente que su negocio incremente el rendimiento del capital empleado bien a través de la obtención de beneficios superiores, bien a través del uso más eficiente del capital empleado. Esto estimulará al equipo directivo a incrementar las ventas, reducir los costes y gestionar su capital de explotación.

Asimismo, se podría lograr el mismo resultado si:

- se retrasa la inversión de capital, que es en el interés de rendimientos de plazo más largo y ahorros de gastos,
- se retrasan los proyectos de investigación y desarrollo que no producen un rendimiento ese año,
- se reducen los gastos de publicidad que sólo tendrán un pequeño impacto a corto plazo,
- se vuelven a repartir los gastos generales.

Todos estos puntos amplían la rentabilidad de la inversión a corto plazo, pero es muy probable que perjudiquen la empresa a largo plazo. La idea de tener un cuadro de mando integral es contrarrestar muchos de estos problemas. Esto se consigue al incluir en el cuadro de mando otras medidas para mejorar la eficacia de operación, desarrollar nuevos productos puntualmente, dar a conocer una marca, etc. Pero siguen quedando preguntas que tendrán que plantearse sobre esta medida.

Informe para valorar el rendimiento

Medida	Rendimiento del capital empleado
Finalidad	Centrarse en los beneficios que se han obtenido del capital empleado y usar el capital de explotación con prudencia.
Está relacionada con	La necesidad que tiene la compañía de obtener un rendimiento adecuado para sus inversores.
Objetivo	Lograr un índice de rendimiento de más del 20% a finales del 2000.
Fórmula	Beneficios antes de deducir impuestos e intereses $\dfrac{\text{Beneficios antes de deducir impuestos e intereses}}{\text{Capital empleado neto}} \times 100$
Frecuencia	Tiene que valorarse mensualmente, revisarse trimestralmente.
¿Quién la evalúa?	Bill Jones, Director financiero.
Fuente de datos	Cuentas de gestión mensuales.
¿Quién actúa sobre los datos?	Roger Morris, Director de oportunidades; Raymond Smith, Director de ventas.
¿Qué hacen?	Gestionar los productos terminados y los productos en curso de fabricación, gestionar los costes de producción, revisar los márgenes de venta.
Notas y comentarios	

Figura 7. Rendimiento sobre el capital empleado.

- ¿Las ganancias obtenidas son ganancias antes de deducir los impuestos, intereses, amortizaciones, gastos generales centrales...?
- ¿Sobre qué beneficios puede tener una influencia el equipo de dirección?
- ¿Qué gastos son simplemente una distracción (por ejemplo, gastos generales centrales asignados)?

Por lo tanto, tiene que decidir cuál es la cifra de beneficios más adecuada para incluir en esta medida. La medida ideal reflejará en gran parte el resultado del esfuerzo combinado de todo el equipo directivo.

Externa: quejas de los clientes (véase Figura 8)

El registro y el análisis de las quejas de los clientes es una actividad que lleva a cabo la mayoría de las empresas y un requisito del sistema de calidad Norma ISO 9000. Por consiguiente, calcular el número de quejas de los clientes se suele circunscribir en la perspectiva de los clientes del cuadro de mando integral.

Quiere esta medida para alentar a su plantilla a tratar cada una de las quejas como una oportunidad para aprender de sus errores y para implementar acciones correctivas que evitarán los problemas recurrentes.

Sin embargo, podría encontrar una situación en la que las personas no lleguen a registrar las quejas de los clientes en un intento de esconderlas. También existe el problema de decidir qué es una queja de un cliente. Los clientes que se toman la molestia de escribir al directivo de calidad suelen conseguir que se registren y se traten sus quejas, pero ¿qué sucede con las llamadas telefónicas airadas que responde el servicio de atención al cliente? o ¿qué sucede con las críticas informales realizadas durante una visita comercial? Por lo tanto, es muy importante que todo el mundo tenga una idea clara de la definición de qué es una queja de un cliente, y que haya un sistema rápido y sencillo para registrar las quejas.

Finalmente, la actitud de los directivos frente a las quejas de los clientes va a ser muy importante. Si existe una presión fuerte para disminuir el número de quejas o el sentimiento general de que las quejas de los clientes son una molestia, entonces no se sorprenda si el número de quejas se reduce.

Proceso interno: rendimiento de la primera vez
(véase Figura 9)

El rendimiento de la primera vez es un término usado a nivel industrial para describir la cantidad de productos de buena calidad producidos por un proceso en el primer intento. Es importante por varias razones:

- pelearse es una pérdida de tiempo y sale caro,
- revisar para rectificar los errores cuesta dinero,
- para la revisión se utilizan capacidades que podrían haberse utilizado para incrementar la producción general,
- las inconsistencias del rendimiento de la primera vez pueden causar problemas de planificación que conducen a una entrega incierta y a una insatisfacción de los clientes.

Informe para valorar el rendimiento

Medida	Quejas de los clientes
Finalidad	Comprender qué aspectos de nuestra actuación trastornan a nuestros clientes para que podamos mejorar continuamente nuestro servicio.
Está relacionada con	La necesidad de que la empresa satisfaga a sus clientes existentes y retenga a su clientela en el futuro.
Objetivo	Mantener un índice de quejas de clientes por debajo del 1% durante el 2000.
Fórmula	$$\frac{\text{Número de quejas de clientes}}{\text{Número de pedidos de clientes que se han despachado en el periodo}} \times 100$$
Frecuencia	Hay que calcularlas y revisarlas mensualmente.
¿Quién la evalúa?	Sue Williams, Responsable de calidad.
Fuente de datos	El sistema de quejas de los clientes.
¿Quién actúa sobre los datos?	Sue Williams, Responsable de calidad.
¿Qué hacen?	Analizar las quejas a través de un proceso principal, asegurar el análisis de la causa primordial de la conducta de los dueños del proceso y completar acciones correctivas. Señalar todas las tendencias básicas.
Notas y comentarios	Tenemos que asegurar que se recogen todas las quejas de los clientes a través del sistema de quejas de clientes y que al personal se le recuerda con regularidad el procedimiento de quejas de los clientes.

Figura 8. Quejas de clientes.

En consecuencia, mejorar el rendimiento de la primera vez tiene una amplia gama de beneficios para su compañía. Si puede recoger los datos correctamente, medir el rendimiento de la primera vez es relativamente sencillo. Las dificultades básicas residen en:

- asegurar que se valora toda la revisión
- garantizar que se incluyen todos los procesos en la medida

Dos ejemplos vienen a la mente para ilustrar el primer punto. El primero, un colega que estudiaba las cifras de revisión de un astillero descubrió que todas las rectificaciones que llevaban menos de dos horas quedaban excluidas de la medida de actuación. Como resultado, a pesar de que el nivel de revisión registrado era sólo del 5%, el director general creía que la empresa tenía que diseñar y construir un barco dos veces antes de entregarlo. El segundo, un viejo colega me contó que, cuando era un joven aprendiz, se había quedado dormido durante el turno de noche y había dejado que el torno abriera un agujero en un pistón muy grande que había tardado semanas en hacer. Para borrar sus huellas, había trabajado a máquina el resto y, en consecuencia, «se perdió en el suelo de la tienda» un pistón de unos dos metros.

Centrándonos ahora en el segundo punto, la fórmula es importante. El rendimiento de la primera vez se suele calcular como la media de los rendimientos logrados. Más precisamente, debería calcularse como el producto de los rendimientos (véase el ejemplo siguiente).

Informe para valorar el rendimiento

Medida	Rendimiento de la primera vez del proceso
Finalidad	Calcular el índice de mejora en la eficiencia de nuestra producción.
Está relacionada con	La necesidad de reducir desperfectos, minimizar la revisión, controlar la producción y reducir costes.
Objetivo	Lograr un índice de rendimiento de la primera vez del 95% a finales del 2000.
Fórmula	El producto de $\dfrac{\text{Número de productos de buena calidad}}{\text{Número de unidades procesadas}} \times 100$ para todos los procesos
Frecuencia	Tiene que calcularse diariamente y revisarse mensualmente.
¿Quién la evalúa?	Michael Johnson, Responsable de producción.
Fuente de datos	Procesar los informes diarios.
¿Quién actúa sobre los datos?	Stan Grey, Controlador de producción.
¿Qué hacen?	Asegurar que se lleva a cabo el análisis de la causa primordial, y que se planifican e implementan acciones correctivas, y que se revisa el impacto.
Notas y comentarios	Centrarse en que se revise a finales de año. También necesitamos controlar el impacto de la iniciativa de formación del operador SPC.

Figura 9. Rendimiento de la primera vez del proceso.

Ejemplo de los cálculos del rendimiento de la primera vez

Máquina A	90%
Máquina B	85%
Máquina C	95%
Máquina D	90%
Rendimiento medio	90%
Rendimiento actual	65.41% $(.9 \times .85 \times .95 \times .9)$

Innovación y aprendizaje: conocimiento nuevo
(véase Figura 10)

La innovación y el aprendizaje siempre son difíciles de medir, y valorar la creación de conocimiento nuevo presenta dificultades concretas. Una forma de calcularlo, usada por un gran número de empresas importantes, es a través de la medición de las aprobaciones de patentes.

El resultado que se desea lograr mediante esta medida es que la patente nueva refleje la generación de conocimiento nuevo en el negocio y que la plantilla esté motivada para generar conocimiento nuevo y, así, crear patentes nuevas.

No obstante, el número de patentes también se podría incrementar al:

- patentar descubrimientos que no son importantes,
- patentar descubrimientos tempranamente, ya que se pone en peligro la explotación de un descubrimiento nuevo,
- buscar descubrimientos que son patentables más que útiles para el desarrollo futuro de la compañía.

Las patentes también tienen el efecto secundario de hacer público el descubrimiento, con lo que adoptar «aprobaciones de patentes» como una medida de actuación clave también puede llegar a tener el efecto secundario indeseado de informar a sus competidores de cuál es la línea de investigación exacta en que se está centrando y hasta qué punto ha avanzado.

Para evitarlo, es posible que aplique un número de controles para asegurar que los descubrimientos se patentan sólo cuando cumplen con unos criterios concretos o se aprueban por un comité de revisión. Por consiguiente, la medida de actuación resultante puede tener el aspecto de la Figura 10.

Diseñar grupos de medidas

Aunque es útil tener en cuenta el diseño de cada medida individualmente, se dará cuenta de que las medidas suelen superponerse en su aplicación. No es inusual que se use más de una medida para encontrar una dimensión de actuación. Por ejemplo:

- Es posible calcular la satisfacción de los empleados anualmente, pero el absentismo o la rotación del personal se pueden llegar a usar como medidas representativas de la satisfacción de los trabajadores entre encuestas anuales;
- Es posible calcular la satisfacción de los clientes anualmente, pero las medidas internas, como la entrega puntual, las quejas de los clientes y beneficios de los clientes, pueden llegarse a usar todas como medidas representativas de la satisfacción de los clientes.

Informe para valorar el rendimiento

Medida	**Número de solicitudes de patentes nuevas presentadas**
Finalidad	Valorar y motivar la creación de conocimiento nuevo.
Está relacionada con	La necesidad de que la empresa innove y cree productos nuevos que estén protegidos por una patente.
Objetivo	Lograr un índice de 6 solicitudes de patentes por mes a finales del 2000.
Fórmula	Número de solicitudes de patentes archivadas cada mes.
Frecuencia	Tiene que calcularse mensualmente, revisarse trimestralmente.
¿Quién la evalúa?	Peter White, Director técnico.
Fuente de datos	Archivo de solicitud de patentes.
¿Quién actúa sobre los datos?	Peter White y su equipo técnico.
¿Qué hacen?	Gestionar el proceso de innovación.
Notas y comentarios	Acordarse de revisar la calidad de la solicitud de patentes a finales de año; además, el año que viene es posible que tengamos en cuenta cambiar la medida para las «patentes garantizadas».

Figura 10. Solicitudes de patentes presentadas.

En ambos casos, el coste de calcular (hacer la encuesta más a menudo) o el problema de la fatiga que provocan las encuestas (las personas que se cansan al responder cuestionarios) implican que tiene que emplear otras medidas entre encuestas. Con todo, debe recordar que éstas son sólo sustitutos de la medida real, y los sustitutos deberían recalibrarse tan frecuentemente como sea práctico para comprobar que reflejan su medida real de verdad.

Resumen

Decidir qué hay que valorar no es suficiente. También debe preocuparse del diseño de las propias medidas. Los puntos básicos que hay que recordar son:

- pensar en la conducta que quiere motivar;
- definir meticulosamente qué es lo que está calculando;
- asegurarse de que se recogen *todos* los datos, y que se hace de forma consecuente;
- el hecho de lograr el objetivo definido en la medida debe apoyar al menos uno de los objetivos de la organización más importantes;
- darse algún tiempo para descubrir cómo se relacionan los resultados entre ellos.

Exponer y usar las medidas

Hasta el momento, nos hemos fijado en las razones para usar el cuadro de mando integral, en qué se debería valorar y cómo debería hacerse. Este capítulo se concentra en cómo disponer los resultados para optimizar el rendimiento de su negocio.

Las páginas siguientes mostrarán maneras de:

- exponer las medidas y comunicar qué significan
- hacer el mejor uso de la información
- asegurar que se toman acciones positivas para mejorar la actuación

Exponer las medidas

La manera cómo se exponen las medidas tendrá un efecto en la importancia que se percibe que van a tener y en la seriedad con la que los individuos planean llevar a cabo acciones subsecuentes. Deberían exponerse profesionalmente y en un lugar público en que todo el mundo pueda verlas sin alejarse de su camino, como por ejemplo la cantina, la recepción y oficinas abiertas. James Walker, una compañía afincada en Cockermouth que fabrica precintos y embalajes de compresión, expone las medidas en pizarras con los colores de la empresa. Ai Qualitek, un fabricante de equipamiento para detectar fugas afincado en Cambridge, exterioriza sus nueve medidas principales en la pared de la cantina.

Si existen medidas específicas a una ubicación concreta, entonces tienen que presentarse tan cerca como sea posible de las personas que pueden tener un impacto directo en el rendimiento de esa área.

La forma cómo se presenta la información tendrá un efecto en cómo se usa. Plantéese qué método particular de exposición sería más atrayente para el grupo beneficiario. Si sus medidas se exponen en el departamento de contabilidad, por ejemplo, podría llegar a ser útil mostrar las cifras secundarias. En otros departamentos, estas cifras podrían servir sólo para confundir. Para la mayoría de personas, las imágenes son mejores que las palabras o los números, y los colores atractivos ayudan a hacer más memorable la información.

La credibilidad e integridad de la información son vitales si los resultados de las medidas tienen que tomarse seriamente y hay que actuar en consecuencia. Los gráficos sin actualizar, las cifras que se han cambiado porque se ha descubierto posteriormente que son incorrectas o los intentos de esconder malas noticias: todos quitan el mérito del impacto de las medidas. A la luz de esto, es posible que decida que al final no expone algunas medidas. Pueden llegar a surgir problemas de confidencialidad si su exposición se encuentra en un área frecuentada por visitantes, aunque existen formas de superar estas dificultades si se muestran porcentajes de objetivos en lugar de cifras reales. En algunos casos, al mostrarlo todo, creará un exceso de información y, por lo tanto, disminuirá el impacto del mensaje. Cualquiera que sea su decisión, lo importante es ser consecuente.

Comunicar el significado de las medidas

Si se lleva a cabo una acción positiva después de analizar las medidas, entonces todas las personas involucradas en la mejora de rendimiento tienen que comprender totalmente el significado de los resultados. Al principio, deberían hacerse reuniones informativas para explicar qué es el cuadro de mando integral y para obtener compromisos. El siguiente paso en el proceso de comunicación es informar a todos los involucrados los resultados de las medidas y qué implican para la empresa. Qué personas están involucradas exactamente en estas sesiones dependerá del alcance de las medidas, pero, en principio, desde el director general hasta la persona que friega el suelo de la fábrica pueden afectar la actuación.

Usar la información

El Lunes observamos algunos de los resultados positivos que se pueden conseguir si se usa el cuadro de mando integral, como por ejemplo, estimular acciones en áreas básicas, comunicar instrucciones y facilitar aprendizaje. A continuación, encontrará algunos ejemplos sencillos y prácticos de formas cómo se pueden aprovechar los resultados de las medidas.

(a) Indicar tendencias

Muchos sistemas de evaluación miran hacia atrás para ver qué es lo que ya ha ocurrido. Si se construye de forma correcta, algunas de las medidas de su cuadro de mando integral deberían señalar al futuro y ayudarle a predecir tendencias para que pueda tomar acciones remediadoras con más antelación. En el Chartered Management Institute, se calcula el número de solicitudes mensuales del panfleto informativo sobre los cursos. Ésta es una buena opción para predecir las reservas que se van a recibir, de modo que si el índice de solicitudes desciende se puede tomar la acción de enviar información adicional de los cursos. En Ai Qualitek, el número y la importancia de las citas sirve para predecir el valor del negocio para los tres meses siguientes. Pueden usar esta información para alertar a los representantes de ventas para que tomen acciones necesarias para mejorar la empresa.

(b) Resultados correlacionados

Los resultados de las medidas pueden estar correlacionados para sacar conclusiones y determinar acciones –aunque debe tener cuidado de no hacer conexiones falsas.

Los ponentes de los cursos del Chartered Management Institute que reciben las calificaciones de calidad más altas por parte de los participantes también son los que reciben el número más alto de reservas repetidas y, en consecuencia, tienen los cursos con más asistentes. Y esto es (casi) independiente del tema del curso. La acción que se toma al respecto es aprovechar a los oradores de mayor calidad y aplicar un sistema que mostrara cualquier tendencia descendente en la actuación de los ponentes individuales. Al hacerlo, se pueden captar los problemas potenciales antes de causar daños serios.

Una compañía aérea importante ha demostrado que existe una correlación directa entre la disponibilidad de los clientes a recomendar sus servicios a otras personas y la facturación. Sears Roebuck ha correlacionado la satisfacción de los clientes, la de los empleados y los ingresos. Ambas organizaciones pueden explotar estos resultados para agrupar sus esfuerzos en acciones que les reportarán los mejores beneficios.

(c) Comparación año tras año

Si es insistente y consecuente, puede destinar los resultados de las medidas del cuadro de mando integral a crear un buen banco de datos con el tiempo. Esto es inestimable a la hora de determinar lo que está sucediendo en la entidad. En el Chartered Management Institute, por ejemplo, se poseen en la actualidad datos de cinco años sobre el número de solicitudes y reservas recogidas. Mientras que antes, cuando estos números descendían, se atribuía a las «vacaciones de Navidad» o «al verano» u otras ocasiones, ahora se puede mirar hacia atrás, al momento correspondiente en los años anteriores, y hacer una valoración más informada sobre la causa.

Revisar y obrar de acuerdo con las medidas

Es importante adquirir el hábito de revisar con regularidad las medidas de actuación. Esto lo debería hacer todo el equipo en una reunión de grupo. Al principio lo encontrará difícil, ya que lleva un tiempo establecer las medidas y, a menudo, el primer par de reuniones puede verse frustrado si, simplemente, los datos no están disponibles. Su persistencia superará este obstáculo.

Al revisar las medidas individuales, plantéese las preguntas siguientes:

- ¿Cuál es nuestra actuación actual?
- ¿Cómo se compara el rendimiento real con el objetivo definido?
- ¿Cuáles son las razones principales por las que el objetivo no se ha logrado?
- ¿Cuál es la planificación para las acciones correctivas?
- ¿Se ha llevado a cabo la acción?
- ¿La acción ha tenido el impacto deseado sobre los resultados de las medidas?

Encontrará útil formarse una imagen o visualización que le ayude a revisar el proceso. En este punto, hemos incluido dos ejemplo: el SOC de Ford (un sistema operativo de calidad creado originariamente por Ford Electronics) y un sistema creado por Xerox.

SOC de Ford

La visualización creada por Ford está formada por cuatro paneles distribuidos en la misma hoja (véase Figura 12). Estos paneles son:

- panel 1: el gráfico del rendimiento real respecto a los objetivos;
- panel 2: una división de ese resultado por los factores principales que contribuyen al resultado logrando o no cumpliendo el objetivo;
- panel 3: la acción planificada para optimizar el rendimiento;
- panel 4: el registro del impacto de la acción que se ha tomado.

La idea de esta visualización es que esta actuación se valora, las causas de las malas actuaciones se identifican, la acción se planifica, la implementación de la acción se verifica y, luego, la actuación se vuelve a evaluar.

En este sentido, el hecho de usar el SOC de Ford cierra el círculo y asegura que las medidas de actuación se revisan con regularidad y se obra de acuerdo con ellas.

Sistema de seguimiento de Xerox

A principios de la década de 1990, Xerox creó su sistema de gestión para incluir un sistema para sus medidas de actuación (véase Figura 13). El sistema incluye:

Figura 12. La visualización de medidas del SOC de Ford (adaptado a partir de Neely et al., 1996)

- Un propietario: es decir, un responsable individual de la preparación del análisis trimestral de las tendencias, causas, puntos fuertes y áreas de mejora, así como también, del plan de acción.
- Un responsable: en el caso de Xerox, un director de la junta.
- Un estado deseado, incluyendo los resultados, el enfoque y la dominancia, y una valoración sobre 7, en la que 7 representa la mejor actuación.
- Rendimiento
- Análisis causal

- Puntos fuertes
- Áreas de mejora
- Plan de acción detallado

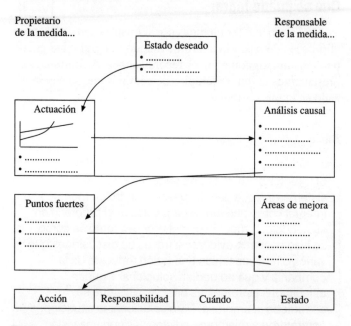

Figura 13. Seguimiento de las medidas de Xerox (adaptado a partir de Olve et al., 1999).

El uso diario del sistema es muy parecido al cierre del círculo descrito por Ford. No obstante, Xerox también adopta una visión más estratégica al revisar anualmente sus medidas como parte de su ejercicio de auto-evaluación, y compara y comparte la actuación con el resto de unidades de su propia compañía y hace comparaciones con otras.

Qué se puede lograr

Está claro que las medidas por sí mismas son útiles, pero el proceso de usar el cuadro de mando integral en sí puede tener resultados con grandes repercusiones. A continuación, presentamos algunos ejemplos de cambios que se han realizado en empresas reales.

Ejemplo 1

El Director general de una pequeña empresa de sistemas inglesa decidió usar el cuadro de mando integral como una forma para calcular el progreso en su negocio. A medida que el proceso tomó su curso, se hizo bastante evidente a través de discusiones que varios directivos tenían una visión reducida de la compañía y que no podían solucionar algunas dificultades estratégicas básicas a las que se enfrentaba la empresa. Para solucionar la situación, contrataron a miembros adicionales con una visión más amplia para fortalecer al equipo más importante. Esto permitió algunos incrementos reales del rendimiento, que incluyó una mejora de las entregas puntuales de un 28% a un 100% en ocho meses.

Ejemplo 2

Otra empresa inglesa de servicios descubrió que el cuadro de mando integral le ayudó a pasar de una cultura burocrática y que estaba orientada a los procesos a una en la que los individuos se servían de su propia iniciativa y que estaba orientada a los resultados. Los resultados de la empresa eran transmitidos a los empleados regularmente, pero tenían poco sentido para la mayoría y se recibían con grandes bostezos. Cuando estas personas se vieron involucradas en el cálculo de los resultados de las medidas y, por tanto, comprendieron mejor su significado; cuando pudieron ver resultados que se presentaban mediante gráficos y se dieron cuenta de que podrían tener un impacto, empezaron a interesarse más y a hacer propuestas positivas para perfeccionar el negocio.

Ejemplo 3

El Director general de una mediana empresa manufacturera se dio cuenta de que no obtenía el compromiso de sus máximos directivos para implementar la estrategia corporativa. Usó el cuadro de mando integral como medio de establecer un límite práctico a las discusiones estratégicas y, al hacerlo, mejoró tanto la estrategia como el rendimiento de la compañía. El equipo directivo se había comprometido más a aplicar la estrategia, porque sintieron que habían formado parte de su formulación. A partir de ese momento, sabían qué se esperaba de ellos y cuáles serían las medidas eficaces. El resultado fue un aumento considerable del servicio al cliente y de la rentabilidad.

Algunas de las dificultades

Después de haber explicado algunos ejemplos de empresas en las que el cuadro de mando integral ha permitido que hayan tenido lugar cambios positivos realmente, lo justo es señalar algunas dificultades.

Los problemas principales son:

(a) La cantidad de tiempo empleado

Probablemente, este es el problema más frecuente y vale la pena tenerlo en cuenta en las primeras fases, cuando esté diseñando las medidas. Algunas medidas son muy sencillas de calcular porque los datos ya existen en una forma fácilmente accesible. Otras son más difíciles, porque tiene que establecer nuevos sistemas de recolección de datos o tiene que obtener los datos a partir de varias áreas diferentes. También existen medidas ocasionales, como por ejemplo, encuestas que pueden consumir mucho tiempo. Cuando decida lo que tiene que calcular, piense un poco en la cantidad de tiempo que empleará en cada medida: si consume mucho tiempo, *¿realmente* vale la pena o se puede valorar con menos frecuencia?

(b) Las personas no quieren las medidas

Las preocupaciones de lo que va a ocurrir si los resultados no son buenos pueden llevar a tergiversar las cifras o a excusas de por qué las medidas no son adecuadas. Está claro que algunas de estas excusas podrían ser verdaderas, sobre todo en las primeras fases antes de que se hayan limado las asperezas. Lo importante es que los individuos vean que los resultados se usan objetivamente para mejorar el negocio y no, para asignar culpas.

(c) Los resultados no son lo que parecen

No importa cuán detallado sea el diseño de sus medidas; los problemas a la hora de recoger datos pueden tergiversar los resultados.

Una compañía tenía dos medidas para entregar sus productos puntualmente. La primera era despachar a tiempo. ¿Cuántas veces se despachaban los productos en la fecha debida? No había discusión al respecto, porque los artículos bien se despachaban en la fecha acordada, o bien no. La otra medida, sin embargo, provocó muchas discusiones. Ésta era la medida referente al tiempo de entrega, cuánto se tardaba en tomar el pedido y despacharlo. Se descubrió que los pedidos que se hacían a través de la red de ventas no se pasaban al sistema de procesamiento de pedidos de inmediato –a diferencia de los pedidos recibidos por la oficina central– y esto estaba creando una discrepancia desfavorable sobre los tiempos de entrega relativos. Hasta que esto no se corrigió, la medida no volvió a ser significativa.

(d) No involucrar a suficientes personas en el proceso

Las historias exitosas que se han descrito anteriormente muestran la importancia de implicar a una amplia gama de personas en el proceso. Si sólo se involucra a un pequeño número, existe una posesión más estrecha y hay menos compromiso a la hora de tomar las acciones.

(e) Exceso de información

Intente limitar el número de medidas que revisa regularmente. Si aplica demasiadas medidas, perderá el enfoque.

Resumen

En este capítulo hemos presentado cómo hacer buen uso del proceso del cuadro de mando integral y algunos de los problemas que puede ser que surjan.

- La manera cómo expone las medidas afectará la seriedad con la que se observan y, en último término, el éxito que tendrá el proceso.

- El control regular es importante para asegurar que la información se mantiene actualizada y que se obra de acuerdo con ella.

- Las medidas se pueden usar de muchas formas distintas. A nivel macro, el proceso puede contribuir a crear cambios en la cultura. A nivel de las propias medidas, proporcionan indicadores primeros de tendencias y comparaciones con los niveles anteriores de actuación, y pueden revelar información sobre los factores que afectan su empresa que, de otro modo, podría ser que no hubiera considerado.

- Las dificultades principales son:
  - Falta de tiempo: esto debería tenerse en cuenta en la etapa de diseño.
  - No involucrar a suficientes personas: poner el límite en un grupo demasiado reducido y no crear un compromiso bastante general.
  - No fijarse bastante atentamente en la forma cómo se recogen los datos: este hecho puede llevar a resultados falsos.
  - Exceso de información: quédese con las medidas que realmente aplica.

Mantener pertinente el cuadro de mando integral

El Martes hablamos sobre crear el entorno adecuado para lanzar la iniciativa de un cuadro de mando integral. El Miércoles describimos cómo debería decidir qué hay que calcular, y el Jueves nos dedicamos a tratar sobre el diseño de las medidas. Ayer nos centramos en revisar las medidas y planteamos las visualizaciones que puede usar para crear las medidas. Hoy vamos a mostrar cómo mantener pertinente y útil el cuadro de mando. Esto es especialmente importante porque, a largo plazo, a medida que el entorno vaya variando y el negocio evolucione, el cuadro de mando integral también tiene que cambiar, adaptarse y crecer, o morirá.

Los dos temas básicos de este capítulo son:

- mantener pertinente el cuadro de mando integral
- tejer el proceso en la tela del negocio

Renovar y actualizar

La Figura 14 presenta las etapas del desarrollo de un cuadro de mando integral a las que hemos hecho referencia hasta este momento. También muestra las rutinas de renovación que hay que aplicar para mantenerlo vivo. Éstas son:

(a) actualizar el objetivo
(b) actualizar las medidas
(c) cambiar las medidas
(d) poner a prueba la estrategia

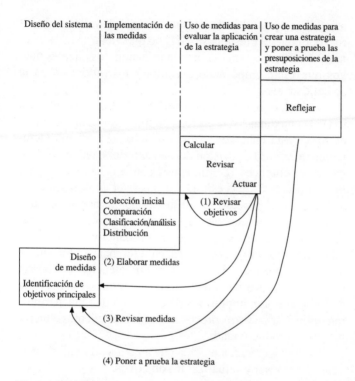

Figura 14. Etapas en la creación y renovación del cuadro de mando integral.

(a) Actualizar los objetivos

Cuando se ha cumplido un objetivo y se ha sobrepasado de forma regular, éste tiene que revisarse. Esto sucede automáticamente en el caso de muchas medidas de rendimiento empresarial, como parte del proceso de presupuestación anual. Las ventas del año pasado fueron de 3 millones de euros, por tanto el presupuesto del año que viene se incrementa a 3,5 millones para explicar la inflación, los clientes nuevos que están empezando a comprar los productos en la actualidad, etc.

Sin embargo, este proceso debería llevarse a cabo para todas las medidas. Si la entrega puntual ha alcanzado ahora el 90%, ¿está bien dejar así el objetivo o se debería incrementar al 95%? La revisión del año anterior cayó por debajo del 10%, entonces ¿continuamos con esta tendencia para marcar objetivos más estimulantes para el año próximo? A menudo, en el proceso de presupuestación, nos concentramos en lo mucho qué vamos a subir los precios, a aumentar el volumen de ventas y a mejorar la productividad. Pero no mejoramos los objetivos que hacen referencia a otras medidas, como por ejemplo, el servicio de atención al cliente, mejoras del proceso e innovación y aprendizaje, la mayoría de los cuales son impulsores de actuación que nos permitirán optimizar nuestros procesos, ganar más clientes e incrementar la productividad.

Por consiguiente, a medida que aumenta el rendimiento, tiene que revisar y actualizar los objetivos.

(b) Actualizar la medida

En este apartado, observaremos un ejemplo de cómo pueden llegar a cambiar las medidas con el tiempo y cómo necesitan actualizarse.

El equipo directivo de una empresa decidió introducir un esquema de sugerencias como medio para contribuir a su iniciativa de mejora continua.

Decidieron que el éxito del esquema se calcularía a través del número de sugerencias hechas cada mes. Esto controlaría el compromiso de los empleados y la implicación en la nueva iniciativa. Asimismo, cuando el esquema llevaba más o menos seis meses funcionando, con un número creciente de sugerencias, el equipo se dio cuenta de que no era suficiente motivar simplemente las sugerencias. Éstas tenían que revisarse.

Consecuentemente, se puso en práctica una nueva medida: «el número de sugerencias revisado durante el mes». Sin embargo, durante la revisión se rechazaron muchas sugerencias y con ello el equipo de dirección se dio cuenta de que deberían centrarse más en la calidad de las mismas. Cambiaron la medida por «el número de sugerencias aceptadas para su aplicación».

En la actualidad, tienen una corriente continua de buenas sugerencias, pero siguen sin llevar a cabo ninguna acción. La medida se ha vuelto a modificar por «el número de sugerencias implementadas».

Lo que se acaba de describir es una serie de cambios a medida que la situación va evolucionando. Implementar sencillamente una medida final no es la respuesta adecuada en este caso. Tiene que empezar a motivar a las personas para que hagan sugerencias, y la medida original cumple este objetivo. Entonces, tiene que cambiar el énfasis en el número de sugerencias y pasarlo al revisor. La calidad y no la cantidad será, por consiguiente, lo importante. Esto no sucederá a menos que haya alcanzado el nivel de una amplia implicación y que haya aplicado un sistema para evaluar las sugerencias rápidamente. Finalmente, llega al nivel de calcular algo que es realmente útil, el número real de sugerencias que se han implementado y el valor añadido real para la compañía. Si hubiera empezado con esta medida, es muy probable que el esquema no hubiera triunfado nunca, ya que existían demasiadas barreras para su éxito.

Este ejemplo ilustra que, según progresa la situación, las medidas deberían revisarse y reenfocarse para garantizar que se mejora el rendimiento.

(c) Cambiar las medidas

Además de actualizar las medidas a causa de las mejoras internas, las medidas también deben modificarse para reflejar cambios de estrategia.

Si está cambiando su centro de atención para pasar de competir en coste a competir en velocidad de respuesta, las medidas tienen que modificarse para reflejarlo. De hecho, cada vez que revisa y actualiza su plan estratégico, también debería revisar las medidas para garantizar que siguen siendo congruentes. Es muy probable que esto signifique disminuir algunas de las medidas bien constituidas e implementar algunas nuevas. Si esto no se hace, no se sorprenda si la estrategia falla. Las medidas y el sistema de información antiguos asegurarán que lo que se ha decidido nunca se ha implementado.

Vamos a analizar el ejemplo del movimiento de la competencia basada en el coste a la basada en la velocidad de respuesta. A simple vista, esto parece un cambio simple, pero lo que encontrará es un gran grupo de medidas de actuación arraigadas que funcionan contra éste. Cuando se está centrando en los costes, la utilización de las máquinas es importante y también lo es la eficiencia de trabajo. El departamento de producción instigará sistemas basados en el desarrollo de demandas de producción más largas para minimizar los gastos de sustituir un producto por otro y para obtener todos los beneficios a partir de la estabilidad. La velocidad de respuesta, en cambio, requiere una capacidad excesiva y recursos infrautilizados para tener la flexibilidad de responder cuando el cliente lo pide. También puede requerir cantidades de trabajo inferiores y hasta tandas extraordinarias.

Es bastante posible que la implementación de medidas de receptividad, como por ejemplo la «reducción del tiempo de entrega medio», valore al máximo nivel lo bien que está implementando su estrategia; pero si no elimina las medidas de trabajo de nivel más bajo ni la eficiencia de las máquinas, la estrategia entrará en conflicto. La respuesta es cambiar las medidas de bajo nivel para alinearlas con la nueva estrategia. Introducir una medida que recoge mejoras en la flexibilidad –como la velocidad del cambio o la matriz de conocimientos que controla cuántos trabajos diferentes puede desempeñar cada persona– contribuirá a reenfocar el esfuerzo en la dirección correcta.

Conforme la estrategia progresa, las medidas tienen que variar para reflejar esta estrategia. Pero no olvide realinear las medidas en toda la organización y eliminar las que están en conflicto con la estrategia nueva, reemplazándolas con otras de más colaboración.

(d) Poner a prueba la estrategia

Las medidas pueden utilizarse para controlar la implementación de la estrategia. En el ejemplo anterior, trazan la mejora en la flexibilidad de la plantilla y la velocidad del relevo de productos a través de la reducción de los tiempos de entrega. Todos éstos son pasos para seguir atentamente la estrategia. Pero sigue quedando una pregunta: «¿La estrategia es correcta?». En este caso, ¿la reducción del tiempo de entrega se está traduciendo en un aumento de las ventas, unos niveles más altos de satisfacción de los clientes y, en último término, un crecimiento de la rentabilidad? Las medidas deberían apuntárselo y, en consecuencia, poner a prueba la estrategia que está aplicando.

En un ejemplo distinto, una cadena de tiendas de horario muy amplio estaba preocupada por perder cuota de mercado frente a las grandes cadenas de supermercados. La estrategia de la dirección para contrarrestar esta amenaza consistía en crear un programa de atención al cliente. Creían que si podían crear un entorno en que se convertían en «la agradable tienda de la esquina», podrían usar la amabilidad del personal para promocionar el negocio y crear un grupo de clientes leales.

Consiguientemente, los empresarios se embarcaron en un programa de formación intensivo por todo el país para formar a sus empleados en temas como el contacto visual con los clientes, decir «buenos días» y otras conductas que harían que los clientes se sintieran especiales. Sin embargo, no se detuvieron en ese punto. Decidieron que deberían valorar el impacto del programa de formación y el cambio en el comportamiento de su plantilla. Lo hicieron a través de compradores que se dirigían de incógnito a una muestra de tiendas y calculaban el número de contactos visuales, de buenos días, etc.

Cuando analizaron los datos, los resultados sorprendieron a los empresarios. Las tiendas que habían recibido la calificación «amabilidad con los clientes» más baja eran las que obtenían mejores resultados en términos de ventas por metro cuadrado y viceversa. Estudios más a fondo demostraron que había momentos del día en que las tiendas estaban particularmente concurridas. En esos momentos, los clientes y el personal se confabulaban para procurar a los clientes lo que querían: un servicio rápido en la caja. Esto se conseguía desalentando las charlas a través de la evasión del contacto visual y de los saludos, que motivaban conversaciones. Las tiendas que no hacían esto irritaban a sus clientes haciéndoles esperar mientras realizaban las llamadas «actividades agradables para los clientes». El resultado fue una reevaluación de la estrategia, un enfoque centrado en proporcionar más empleados en las horas punta del día para minimizar la espera y un reenfoque del programa de atención al cliente para ofrecer un servicio extra fuera de las horas de máxima concurrencia.

Lo que demuestra este ejemplo es que la forma cómo las medidas de actuación pueden y deberían aplicarse para facilitar el aprendizaje. Es importante reflexionar ocasionalmente sobre lo que indican las medidas de actuación acerca de la implementación de la estrategia y la validez de la propia estrategia. Poner a prueba su estrategia de este modo es una parte significativa del proceso de medición del rendimiento.

Tejer el proceso en la tela de la empresa

Otra forma cardinal de mantener activo el cuadro de mando integral es tejerlo en los procesos diarios de su negocio en vez de observarlo como una iniciativa en sí.

Una compañía manufacturera se había esforzado considerablemente en la formación de la mejora continua y la filosofía de la gestión de calidad total. No obstante, no había aplicado ninguna medida que relacionara la GCT con el rendimiento empresarial. Se valieron del cuadro de mando integral para hacerlo e introdujeron la idea de que éste era el paso siguiente para implementar la GCT. En este sentido, el proceso del cuadro de mando integral se vio como un valor añadido a lo que ya estaban haciendo para demostrar algunos beneficios positivos de la GCT para el rendimiento de la compañía.

El peligro es que si crea el cuadro de mando integral como una iniciativa separada, se le prestará atención sólo durante un periodo corto de tiempo y, luego, se debilitará cuando la nueva moda aparezca en el horizonte. Si puede asociar iniciativas o procesos entre sí de modo que sean complementarios, establece una fuerza y una cohesión concretas y los resultados positivos son acumulativos. Esto contribuye a construir competencia empresarial en el funcionamiento del negocio.

Resumen

Hoy hemos revisado las formas a través de las cuales puede mantener pertinente el cuadro de mando integral. También nos hemos referido al hecho de tejer el proceso del cuadro de mando integral en otras iniciativas (pasadas o futuras) para certificar que construye la competencia empresarial en lugar de que se tambalea de una iniciativa a otra. Los puntos más destacados son:

- asegurarse de revisar y actualizar los objetivos con regularidad,
- actualizar las medidas conforme mejora el rendimiento,
- cambiar las medidas de acuerdo con la estrategia,
- usar las medidas para controlar el éxito de la estrategia.

Más allá del cuadro de mando integral

Durante la semana hemos observado el desarrollo del cuadro de mando integral a partir de la creación del entorno adecuado, utilizado para mejorar el rendimiento y para mantener vivo el cuadro de mando a largo plazo.

Hoy:

- se revisará cómo han adaptado el cuadro de mando integral unas cuantas empresas para que fuera conveniente para sus propias necesidades empresariales,
- se analizarán algunos defectos del cuadro de mando integral y se propondrá una alternativa,
- se terminará con un resumen de toda la semana.

ESPECTÁCULO DE RONRONEO DE GATOS EQUILIBRADO

Sistemas para valorar actuaciones equilibradas

Se suelen hacer dos preguntas respecto al cuadro de mando integral:

- ¿Las cuatro perspectivas del cuadro de mando integral son las adecuadas?
- ¿El cuadro de mando integral es completo?

Lo que hace el cuadro de mando integral es recalcar cuatro perspectivas distintas de la empresa y nos hace pensar en las diferencias entre:

- medidas financieras y no financieras
- medidas de éxito internas o externas
- medidas sobre resultados y medidas sobre inversiones

Esto se resumen en la Figura 15.

El cuadro de mando integral tiene dos ventajas básicas reales. En primer lugar, es simple al tener sólo cuatro perspectivas. En segundo, está empezando a utilizarse y a aceptarse extensamente.

Asimismo, muchas compañías han adaptado el cuadro de mando integral para satisfacer sus propias necesidades, y a continuación encontrará algunos ejemplos buenos.

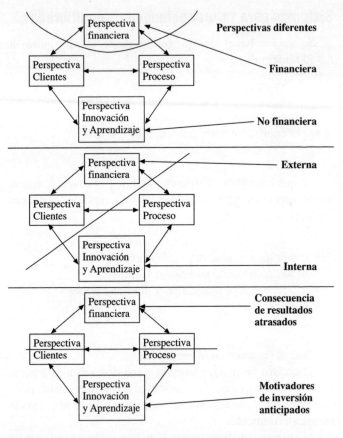

Figura 15. Perspectivas distintas del cuadro de mando integral.

Ejemplos de empresas que adaptan el cuadro de mando integral

Muchas empresas importantes que han adoptado una opción equilibrada para medir actuaciones han adaptado la opción a su propia situación, modificando ligeramente el concepto en el proceso. En este apartado, van a describirse algunos ejemplos destacados.

ABB

ABB es un gran conglomerado industrial formado en 1988 a través de la fusión de Asea de Suecia y BBC Brown Boveri de Suiza.

ABB ha constituido cinco perspectivas para su cuadro de mando: proceso, empleados, innovación, clientes y beneficios. Muestra las perspectivas de forma que pone de relieve la relación entre ellas (véase Figura 16).

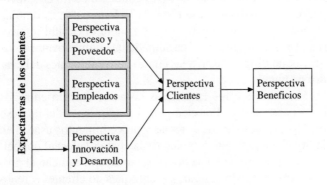

Figura 16. Cuadro de mando de ABB (adaptado a partir de Ewing & Lundahl, 1996).

El sistema de ABB está diseñado para enfatizar los periodos temporales diferentes:

- la innovación es la perspectiva que tarda más en tener un impacto sobre la perspectiva de los clientes,
- las mejoras del impacto de las perspectivas de procesos y empleados en la de los clientes en el periodo siguiente,
- las mejoras del impacto de la perspectiva de clientes sobre la perspectiva de beneficios en el siguiente periodo.

Navegador de Skandia

Skandia, una compañía de seguros sueca, creó un sistema de evaluación de actuaciones conocido como el «Navegador de Skandia» (véase Figura 17). Este sistema combina su cuadro de mando con su visión sobre el capital intelectual. En el Navegador, se ha sumado una quinta perspectiva, «Enfoque Empleados», a las cuatro convencionales del cuadro de mando integral.

Skandia ve a los empleados como el vínculo entre las otras perspectivas. Por ejemplo, el rendimiento del proceso no depende sólo de los sistemas y procedimientos usados en la organización, sino también de las habilidades, el conocimiento y la competencia de las personas que aplican el proceso. De un modo similar, los enfoques de clientes y renovación sólo se pueden llevar a cabo por personas. Por eso, el «Enfoque Empleado» es el cuadro central del Navegador.

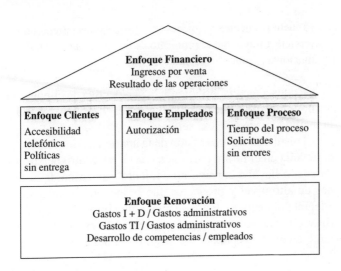

Figura 17. Navegador empresarial AFS de Skandia (adaptado a partir del sitio web de Skandia).

DHL

DHL son proveedores de servicios de entrega aérea rápida de paquetes internacionales. Su visión de futuro fue elaborada durante un periodo de 12 meses por la Junta directiva, que consagró un día al mes a realizar talleres. Empezaron considerando la empresa bajo las cuatro perspectivas del cuadro de mando integral: financiera, clientes externos, proceso interno, e innovación y aprendizaje. Sin embargo, la junta quería que el lenguaje que usaban fuera accesible a toda la empresa. Para lograrlo, articularon su sistema de gestión de rendimiento de la forma siguiente:

«Tenemos clientes a quienes nuestro personal ofrece un servicio a través del seguimiento de procesos que, cuando funcionan, producen resultados.»

En consecuencia, dividieron la perspectiva de clientes en los dos elementos que percibe el cliente: el servicio central y la facilidad de uso de ese servicio.

El resultado fue una visión de la apariencia que tendría la compañía en el futuro para cada una de las cuatro perspectivas. Esto llevaba consigo un conjunto específico de acciones de alto nivel y proyectos que se ejecutaban para sacar adelante el negocio. Éstos se apoyaron con medidas y objetivos que controlaban el progreso hacia la visión, así como también medidas para dirigir la empresa día a día.

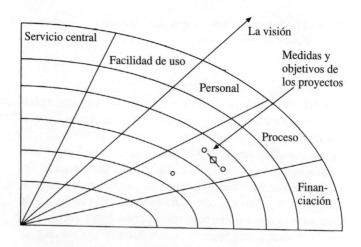

Figura 18. La visión de DHL (adaptado a partir de Bourne, 1999).

James Walker

James Walker es un fabricante y proveedor mundial de juntas y embalajes de compresión para industrias tan diversas como la de los aparatos médicos o la energía nuclear. James Walker elaboró un cuadro de mando integral para su planta en Cockermouth, que comprendía cuatro unidades corporativas y seis funciones de servicios importantes.

Con la finalidad de introducir un conjunto equilibrado de medidas para cada función de servicios, se ideó un proceso que condujo al equipo directivo de cada una de las funciones a través de una serie de ejercicios. Éstos les ayudaron a identificar:

- quiénes eran sus clientes internos, y cuantificar los objetivos y propósitos que necesitaban alcanzar para satisfacer a estos clientes;
- a los proveedores de quienes dependían y las medidas del rendimiento ofrecido;
- los procesos internos y las medidas de eficacia y efectividad.

Esta identificación creó las perspectivas de cliente, proveedor interno y proceso. La perspectiva financiera se sacó del presupuesto y la perspectiva de innovación y aprendizaje, del programa de desarrollo en curso.

Al final de este proceso, cada función de servicio tuvo un conjunto equilibrado de medidas creadas y acordadas por el equipo directivo. Éstas adoptaban la forma de cinco cuadros de mando, tal y como se muestra en la Figura 19.

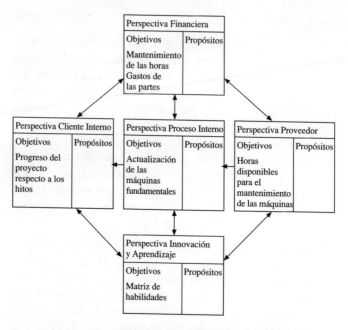

Figura 19. Cuadro de mando integral de James Walker (adaptado a partir de Bourne & Wilcox, 1998).

Adaptar el cuadro de mando

Hemos ilustrado cómo se crea y se adapta el cuadro de mando integral a lo largo de su implementación en las organizaciones. Muchas de las empresas que se han descrito con anterioridad son grandes, pero el ejemplo de James Walker se ha incluido para mostrar que hasta las pequeñas o medianas empresas pueden adaptar con éxito el cuadro de mando.

Que su empresa quiera modificar el cuadro de mando suele ser una buena señal. Demuestra que las personas involucradas se la están haciendo suya y esto tiene que ser un buen augurio para el éxito futuro.

Defectos del cuadro de mando integral

Aunque el cuadro de mando sea popular, está claro que también tiene defectos. Las compañías que lo adaptan a sus propias necesidades se han enfrentado a algunos de ellos, pero sigue habiendo cinco defectos básicos que tiene que tener presentes.

1. Las personas quedan excluidas. La perspectiva de innovación y aprendizaje se suele traducir en la perspectiva «personas», o se añade una perspectiva de personas como en el ejemplo anterior, pero queda excluida del cuadro de mando original. Le recomendaríamos encarecidamente que adoptara esta perspectiva por dos razones. Primera, las personas son un motor importante del rendimiento y, segunda, si no se valora a las personas se da la impresión de que no son importantes para la empresa, de que no son nada que haya que promover cuando se implementa una nueva forma de trabajo.

2. Los proveedores quedan excluidos. Muchas empresas dependen de sus proveedores. En las industrias, suelen ser el elemento más caro. En los servicios financieros, la provisión de TI se externaliza cada vez más, pero sigue siendo fundamental para el éxito em-

presarial. Los defensores del cuadro de mando integral argumentan que los proveedores deberían tenerse en cuenta dentro de la Perspectiva Proceso, pero este enfoque no les ha proporcionado a los proveedores la visibilidad que realmente se merecen.

3. Los organismos reguladores se ignoran. Cada vez más, las compañías están sujetas a una regulación. Se trata de normas no negociables que hay que cumplir, pero no encajar en el sistema del cuadro de mando integral.

4. Se evitan temas comunitarios y ambientales. Muchas compañías pueden llegar a creer que no son pertinentes en su caso, pero varios ejemplos de suma importancia deberían hacer que las empresas, como mínimo, consideraran esta perspectiva. Shell, a pesar de su evaluación del riesgo científico, se encontró con problemas serios al deshacerse de su plataforma «The Brent Spar» en el Mar del Norte. De un modo similar, muchos bancos ingleses se han encontrado bajo una presión intensa en los últimos años como resultado directo de sus programas de racionalización de sucursales. Hoy en día, los temas medioambientales y las comunidades locales están estrechamente relacionados, y las compañías tienen que calcular y controlar el impacto que están teniendo. Si no lo hacen, muchas estarán sujetas a ataques de grupos de presión que pueden dañar su reputación, interrumpir las negociaciones y, en último término, destruir el negocio.

5. Los competidores son ignorados. El cuadro de mando integral contempla el entorno externo a través de los ojos de los accionistas y clientes. Además de los pro-

tagonistas identificados anteriormente, las empresas tienen que controlar el entorno para seguir la pista de las actividades y la tecnología de la competencia. El cuadro de mando integral está diseñado para responder a la pregunta: «¿Se está implementando la estrategia elegida?». No destaca, ni atiende las amenazas de los competidores no tradicionales.

Estas críticas surgen, principalmente, del hecho que el cuadro de mando integral no es un sistema de múltiples interesados. En la mayoría de sociedades occidentales actuales, no se pueden ignorar a otros partícipes, ya que es inevitable que sus acciones tengan una influencia sobre el rendimiento financiero y el valor de los accionistas. Por eso, todo sistema que evalúe el rendimiento tiene que reflejar las necesidades de todas las partes interesadas elementales.

El prisma de actuación

El prisma de actuación es un sistema alternativo creado conjuntamente por el Centro para el rendimiento empresarial de la Cranfield School of Management y Accenture. Es un modelo tridimensional (véase Figura 20).

El prisma de actuación tiene dos finalidades: los *deseos y las necesidades de las partes interesadas* y *la contribución de las partes interesadas*; así como también tres caras: *estrategias, procesos y capacidades*. La forma de funcionamiento del prisma se puede describir de la manera siguiente:

Las dos facetas de las partes interesadas del prisma de actuación:

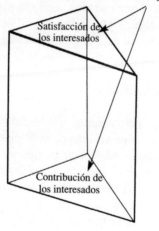

Las partes interesadas engloban a:
Inversores
Clientes e intermediarios
Empleados
Organismos reguladores y comunidades
Proveedores

Las tres facetas internas del prisma de actuación

• Corporación • Unidad empresarial • Marcas/productos/ servicios • Operación	• Desarrollar productos y servicios • Generar demanda • Satisfacer la demanda • Planificar y gestionar la empresa	• Personas • Prácticas • Tecnología • Infraestructura

Figura 20. Las cinco facetas del prisma de actuación.

Deseos y necesidades de las partes interesadas

Las organizaciones existen para satisfacer los deseos y las necesidades de las partes interesadas; por tanto, este es el punto de partida del prisma. Las sociedades tienen accionistas, de modo que sus necesidades están relacionadas con las recompensas financieras a largo plazo para el negocio. Sin embargo, existen otros partícipes, como los clientes, empleados, organismos reguladores y comunidades, que no se pueden ignorar y los importantes deberían identificarse y evaluarse. La pregunta esencial que hay que plantear es: «¿Cuáles son los deseos y necesidades básicas de los interesados?».

Estrategias

Las estrategias que adopta una empresa deberían estar vinculadas con el cumplimiento de las necesidades de las partes interesadas principales. En este punto, la pregunta básica es: «¿Qué estrategias deberían adoptarse para satisfacer los deseos y las necesidades de los interesados principales?».

Procesos

La realización de las estrategias permanecerá en el rendimiento de los procesos empresariales esenciales. Por consiguiente, estos procesos tienen que identificarse, crearse y evaluarse. La pregunta principal es: «¿Cuáles son los procesos básicos que nos permiten llevar a cabo las estrategias?».

Capacidades

El rendimiento de los procesos empresariales dependerá en las capacidades que lo sostienen: conocimientos de las personas, tecnología empleada, sistema, prácticas e infraestructura. Para tener éxito, hay que identificar, desarrollar y medir todas estas necesidades. La pregunta esencial que hay que plantear es «¿Cuáles son las capacidades primordiales que sostienen el rendimiento de nuestros procesos?».

Nuestros deseos y necesidades

La pieza final es la parte inferior del prisma: nuestros deseos y las necesidades de las partes interesadas de nuestra empresa. La contribución de los interesados es un ingrediente fundamental de cualquier empresa con éxito y, en consecuencia, debería identificarse y calcularse. Tomemos el ejemplo de los empleados. Lo que suelen esperar de la compañía es un salario, un entorno seguro, seguridad laboral y alguna finalidad en su trabajo. No obstante, lo que la empresa quiere de ellos son sus habilidades, energía y compromiso. Con demasiada frecuencia, estas facetas diferentes se confunden, con lo que es útil separarlas y explicitar las necesidades y contribuciones. La pregunta básica que hay que plantear en este punto es: «¿Qué contribuciones necesitamos de nuestros interesados para que la empresa triunfe?».

Por lo tanto, a pesar de que el prisma de actuación es un sistema más complejo que el cuadro de mando integral, realmente tiene en cuenta un conjunto de requisitos más amplio y hace frente a muchas de las críticas actuales del cuadro de mando.

Un resumen de la semana

A continuación, se enumeran 10 puntos básicos que esperamos que haya aprendido de este libro:

1. Las medidas de actuación financieras no son adecuadas por sí solas para gestionar la organización; necesita un conjunto equilibrado de medidas.

2. El cuadro de mando integral tiene cuatro perspectivas: financiera, clientes, proceso interno, e innovación y aprendizaje. Para la mayoría de empresas, éstas representan un grupo de perspectivas para las medidas de rendimiento.

3. Otra forma de revisar el equilibrio de sus medidas es considerar:
   - Medidas financieras vs. medidas no financieras
   - Medidas de rendimiento interno vs. medidas de rendimiento externo
   - Medidas de impulsores de actuación vs. medidas de resultados
   - Medidas históricas de logro vs. medidas que ayudan a predecir el futuro.

4. El proceso que utiliza para crear sus medidas de actuación es tan importante como las propias medidas. El proceso provocará un conocimiento de la estrategia, y un compromiso para implementar y usar el cuadro de mando integral.

5. El proceso de creación de un cuadro de mando integral implicará que el equipo de dirección

invierta un tiempo en la discusión de objetivos y en el acuerdo de medidas. Esto no se puede delegar; por tanto, si no están dispuestos a hacerlo, no inicie el proceso.

6. Calcule lo importante, cree sus medidas a partir de la estrategia y céntrese en los factores principales de éxito.

7. Dedique un tiempo al diseño de medidas que apoyarán la estrategia y crearán las conductas adecuadas.

8. Cierre el círculo, gestione las medidas de forma que se revisen, analicen y se actúe de acuerdo con ellas.

9. Exponga las medidas por toda la organización para que todas las personas puedan ver qué está sucediendo exactamente. Hacerlas visibles comporta que pasen del estatus de «juguete de los directivos» a «herramienta para mejorar extensamente la empresa».

10. Sea persistente, es posible que la aplicación de un cuadro de mando integral eficaz no le aporte un éxito instantáneo, pero con el tiempo los beneficios pueden ser enormes.

Y, finalmente, una declaración realizada por un alto directivo que reflexiona sobre su experiencia:

«Esta es la única herramienta de mejora que hemos usado. Hemos avanzado más rápido gracias a ella que a través de cualquier otra herramienta.»

¡Buena suerte!